学習指導要領
新CS&
3観点評価
対応!

水戸部修治 編著

明治図書

まえがき

近年，小学校国語科の授業は大きく進展してきました。それはたくさんの方々の「子供が主体的に学べるようにしたい」という熱意や，「質の高い授業によって子供たちに言葉の力を付けたい」という思いに支えられた御努力とそれを具体化する実践によるものです。

しかし同時に，授業は極めて複雑な構造体であるが故に，絶えず新たな課題に直面します。現在の国語科授業実践について，大きくは次のような課題があると考えます。

①今後の変化の激しい社会を見据え，子供たちに付けたい言葉の力をどう見極めるか
②言語活動を通してそうした言葉の力を育むための単元をどう構想するか
③上述のような授業構想の基盤となり枠組となる新学習指導要領・国語をどう使いこなすか
④優れた実践をどう集積し，各学校や実践者の授業改善に活用できるようにするか

平成10年版学習指導要領以降，国語科では「言語活動を通して指導事項を指導する」という基本的な枠組が提示されてきました。この「言語活動」は指導のねらいを実現するためのものであり，かつ子供が主体的に思考・判断し，自らの思いなどを表現したりするために位置付けるものです。こうした言語活動を十分に機能させるためには，大前提として，子供たちに付けたい言葉の力を，未来社会を生きる子供たちにとってこそ必要な言葉の力とは何かという観点から見極めていくことが求められます。また具体的な単元において，そうした言葉の力を育むための適切な言語活動を選定したり設定したりするには，言語活動の特徴を分析するという観点からの教材研究も必要になります。さらには，単元の各単位時間やそれぞれの学習活動において，子供たちが学ぶ目的や必要性を自覚し確かな言葉の力を身に付けることができる学習指導過程を柔軟な発想で構築することも重要になります。加えて，新学習指導要領の趣旨を踏まえた評価規準の具体化も求められます。

こうした学習指導要領の枠組や，それを具体化するための課題は，平成29年３月に改訂された新学習指導要領・国語及びその具体化においてもそのまま引き継がれています。

この数年間，多くの方々の授業改善へのチャレンジによって，実践上の課題に対する知見が豊富に蓄積されてきました。本書は，こうした「主体的・対話的で深い学び」の実現につながる授業実践を集積し，読者の皆様が新学習指導要領・国語を十二分に使いこなし，さらなる実践の展開を目指すことを祈念して刊行するものです。

本書に寄せていただいた優れた実践が全国の数多くの実践者と共有されることで，国語科の一層の授業改善を実現し，未来を生きる子供たちのための国語科授業改革につながっていくものと確信しています。

2018年７月

水戸部修治

Contents

第３学年の授業づくり

第４学年の授業づくり

Chapter 1

新学習指導要領が目指す授業改善と質の高い言語活動

未来を生きる子供たちのための国語科授業改革

1　これからの社会と子供たち

今我々が生きる社会は，急速な変化の中にある。

とりわけ我が国の少子高齢化は，世界で最も深刻なスピードで進んでいる。『平成29年版少子化社会対策白書』（内閣府）によれば，世界全域の年少人口（０～14歳の人口）の割合（国連推計）は，26.1％であるが，我が国の総人口に占める年少人口の割合は，12.4％と世界的に見ても小さくなっている。また『平成29年版高齢社会白書』（内閣府）によれば，我が国は世界で最も高い高齢化率であることが指摘されている。世界のどの国も経験していないスピードで少子高齢化が進んでいるのである。

先行する諸外国の取組を参考に，日本の実情に合わせてうまく取り込んで対策を講じるというこれまでの手法は，こうした状況下ではとることができない。すなわち今我々は，手本や正解が極めて見いだしにくい時代の中にいるのだ。産業構造の変化や高度情報化，グローバル化など，社会の変化は加速し続け，20年後，30年後はさらに先を見通しにくい状況となっているだろう。子供たちはそうした変化の激しい社会で成長し，その社会を担っていくこととなるのである。

2　変わる大学入試

今後の大学入試等の在り方を検討してきた文部科学省所管の「高大接続システム改革会議」は，「最終報告」（平成28年３月）において，次のような指摘を行っている。

○これからの時代に我が国で学ぶ子供たちは，明治以来の近代教育が支えてきた社会とは質的に異なる社会で生活をし，仕事をしていくことになる。
○混とんとした状況の中に問題を発見し，答えを生み出し，新たな価値を創造していくための資質や能力が重要（後略）。
○こうした資質や能力は，先進諸国に追いつくという明確な目標の下で，知識・技能を受動的に習得する能力が重視されてきたこれまでの時代の教育では，十分に育成することはできない。
○我が国と世界が大きな転換期を迎えた現在，この教育改革は，幕末から明治にかけての教育の変革に匹敵する大きな改革であり，それが成就できるかどうかが我が国の命運を左右すると言っても過言ではない。

すなわち，前項で述べてきたような社会の変化は今後一層激しいものとなり，そうした未来社会を生きる子供たちにとって必要な資質・能力を確かに育むための教育を実現することが強く求められるのである。この「最終報告」では，大学入試において，大学教育を受けるために必要な能力としてどのような力を評価すべきかということに関して，次のような方向性を示している。

「別添資料７」
各教科の知識をいかに効率的に評価するかではなく，特に，
①内容に関する十分な知識と本質的な理解を基に問題を主体的に発見・定義し，
②様々な情報を統合し構造化しながら問題解決に向けて主体的に思考・判断し，
③そのプロセスや結果について主体的に表現したり実行したりするために必要な諸能力をいかに適切に評価するかを重視すべき。

今回の学習指導要領の改訂は，こうした大学入試の在り方とも連動した一体的な改革であるととらえることができるだろう。教育の在り方もまた，社会構造の大きな変化とは無関係に考えることはできない。

3　これからの社会を生きる子供たちに必要な国語の能力の明確化

国語科の授業づくりにおいては，こうした未来社会を生きる子供たちにとってこそ必要な資質・能力を育むことが一層重要となる。子供たちにとって必要な国語の能力を整理し体系化するのはたやすいことではない。しかし先述のような，膨大な情報があふれ，必要な知識も日々更新されていくような社会にあっては，例えば与えられた知識を覚えるにとどまらず，必要な知識を自ら獲得していくための資質・能力が一層重要になるだろう。

平成29年版学習指導要領でも，小学校の「第３　指導計画の作成と内容の取扱い」で，

2(1)イ　表現したり理解したりするために必要な文字や語句については，辞書や事典を利用して調べる活動を取り入れるなど，調べる習慣が身に付くようにすること。
2(3)　第２の内容の指導に当たっては，学校図書館などを目的をもって計画的に利用しその機能の活用を図るようにすること。その際，本などの種類や配置，探し方について指導するなど，児童が必要な本などを選ぶことができるよう配慮すること。（以下略）

などが示されている。調べ学習を行う場合，例えば図鑑や事典，インターネットなどを駆使して，必要な情報を見付け出すことが考えられる。情報を見付け出すためには，本の題名や種類などに注目したり，見出しや目次を活用したりする必要が出てくる。また，索引を利用したり

パソコンを利用して検索をしたりすることも必要となる。
その際，目次や索引の使い方を知っているということに加えて，自分の課題解決に必要な情報は何かをはっきりさせることが必要である。さらには，その情報がどこにあるのか，どのようなキーワードを用いて検索すればよいのかを判断することも大切になる。加えて，たくさん集まった情報を取捨選択したり，分類・整理したりして活用しやすい状態にすることも求められる。すなわち，知識や技能を駆使して課題を解決するための思考力・判断力・表現力等が必要となる。また，必要な情報や解決方策がいつもすぐ見付かるわけではない。手に取った図鑑や事典に情報がない場合には，検索ワードを変えてみる，他の図鑑や事典にも当たってみる，友達や先生によい情報源がないかどうか尋ねてみるなど，他者と協働しながら粘り強く取り組んでいく態度なども大切になるだろう。当然こうした資質・能力は，一つの学年や特定の単元で指導するだけでは十分ではない。子供たちの発達の段階に応じ，小・中・高等学校を見通して系統的に指導することとなる。
高度情報化が一層進む社会を生きる子供たちにとって必要な能力の一例として，情報を検索したり収集したりする能力について検討を試みた。例えば，話すこと・聞くことや書くことにおける情報収集の学習や，説明的な文章の学習の在り方を構想する際にも，こうした子供たちにとって必要な資質・能力を見極めることが重要なものとなる。

質の高い言語活動を位置付けた授業づくり

1　授業の成否を握る言語活動

言語活動の充実は，平成20年版学習指導要領において，各教科等を貫く改善の視点として位置付けられてきた。また国語科においては，平成10年版学習指導要領以降，言語活動を通して指導事項を指導することを基本としてきた。後述するが，平成29年版学習指導要領ではさらに，教科目標に言語活動を通して国語の資質・能力を育成することを明示している。すなわち，国語科の授業づくりにおいては，そこに位置付ける言語活動の質が，その成否を握ると言っても過言ではない。

2　質の高い言語活動の要件とは

国語科の学習に限らず，学習指導において「活動あって学びなし」といった課題点は，従来も指摘されてきたところである。この課題に立ち向かうためには，安易に活動なしの授業に戻るのではなく，学びを生み出すための言語活動の質を高めることが重要になる。では，質の高い言語活動とはどのようなものであるととらえればよいだろうか。

国語科における言語活動は，国語科で育成を目指す資質・能力を育成するためのものである。従って，質の高い言語活動とは，端的に言えば，育成を目指す国語の資質・能力を子供たちが身に付ける上で，しっかり機能する言語活動であると言えるだろう。このことを大前提として，より具体的には次のような視点が重要になる。

❶育成を目指す資質・能力を具体化・顕在化させる言語活動

第1には，言語活動によって，当該単元で育成を目指す資質・能力を子供もそして教師も具体的にとらえられるようにするものとなることが大切になる。言語活動は資質・能力そのものではないが，形として見えやすいという特徴をもつ。それ故，言語活動は国語の資質・能力をより具体化し顕在化させる働きをもつ。

子供たちが当該単元で身に付ける資質・能力は，当該単元で取り上げて指導する〔知識及び技能〕，〔思考力，判断力，表現力等〕の指導事項等によって規定される。例えば小学校第3学年及び第4学年〔思考力，判断力，表現力等〕「C読むこと」には，「ウ　目的を意識して，中心となる語や文を見付けて要約すること」がある。一見「文章を書いた人が言いたい中心的な言葉を見付け，それをつなげて要約しましょう」「『つまり……』，『要するに……』などの部分は残して，『例えば……』などの部分は省きましょう」といった指示をすればこの内容を指導できそうである。しかし，読めば読むほど要約文に入れたい言葉が多くなり収拾がつかなくなってしまうといった状況にしばしば陥る。刊行された文章は，筆者が伝えたい多くの情報から選びに選んで書いたものである。事例の部分であっても，ありきたりではない他の書き手では表現できないものが選ばれている場合が多いであろう。すなわち，「中心となる語や文を見付け」るためには，「目的を意識して」文章を読むことが必要なのである。

そこで例えば，「○○についての文章を読んで，興味をもったり強く関心を寄せたりしたことを説明するために，文章を要約しましょう」といった，子供自身が「目的を意識して」思考や判断をすることを促す学習活動を工夫することとなる。つまり，「文章を読んで興味をもったり強く関心を寄せたりしたことを説明する」といった単元全体に位置付ける言語活動によって，「目的を意識して，中心となる語や文を見付け」るという当該単元で育成を目指す資質・能力がより具体化され，中学年の子供にもとらえやすいものとなるのである。

❷子供たちにとっての課題解決の過程となる言語活動

第2には，言語活動が子供たちにとっての課題解決の過程となることが大切になる。社会科や理科，家庭科や総合的な学習の時間など，各教科等の学習においては，課題解決や問題解決など，呼称の異なりはあっても，おおむね課題解決の過程を取る学習指導が構想されるのが一般的である。国語科においては，言語活動が課題解決の過程として機能するように単元全体を通して位置付けることによって，当該単元で育む〔知識及び技能〕，〔思考力，判断力，表現力等〕は一層鮮明に浮かび上がる。

先述の「C読むこと」には，「ア　段落相互の関係に着目しながら，考えとそれを支える理由や事例との関係などについて，叙述を基に考えること」がある。これだけを見てしまうと，子供の主体的な思考や判断等の必要のない，単なる内容の読み取りをさせればよいように思えるかもしれない。しかしこうした指導事項は，学習の過程を明確にして示されたものである。すなわち，文章における様々な「段落相互の関係」に対して子供自らが着目したり，「考えとそれを支える理由や事例との関係などについて，叙述を基に考え」たりすることが，「目的を意識して，中心となる語や文を見付けて要約すること」や，「文章を読んで理解したことに基づいて感想や考えをもつこと」，さらには「一人一人の感じ方などに違いがあることに気付くこと」といったそれぞれの過程を明確にして示された指導事項と相互に関連付けられることが必要である。このことによって，無目的な読み取りではなく，読む目的に応じて中心となる語や文を見付け，感想をもったり共有したりすることに向けた前提として，内容を把握するのだという見通しをもつことができるようになる。なお，「A話すこと・聞くこと」や「B書くこと」に明示されているような課題設定について，「C読むこと」では指導事項としては明示されていない。しかし，読むことに関する課題設定から始まる単元の一連の学習過程を，言語活動によって具体化することにより，子供自身の目的意識を明確にして資質・能力を高めていく学習指導が可能となるのである。

❸子供たちが主体的に学ぶことに機能する言語活動

第３に，子供の側から言語活動を見たときに，言語活動によって学ぶ目的や意義，価値そして楽しさを実感できるものであることが重要になる。国語科で育成を目指す資質・能力は，単に暗記したり指示通りに手順をこなしたりするだけで身に付くものにとどまらず，変化する状況や条件を踏まえ，必要となる知識や技能を生かして思考・判断・表現することによって獲得できるものである。そうした資質・能力を身に付ける原動力となるのが主体的に学ぶ意欲である。前述の「興味をもったり強く関心を寄せたりしたことを説明する」言語活動の例であれば，学級全員の子供たちが同じ教材文を読んで興味をもったり強く関心を寄せたりしたことを説明する学習は考えられるかもしれない。しかし子供の側に立ってみれば，自ら選んでもっといろいろな図鑑や事典を読み，強く興味を引かれることを発見したときこそ，友達や教師，家族に説明したいという思いを明確にするであろう。そうした思いが，教科書にはない難しい言葉でも夢中になって理解し，自分が興味をもったことをきちんと説明するために情報を精査して読むことへの原動力となる。

質の高い言語活動と新学習指導要領・国語

1 主体的・対話的で深い学びの視点からの授業改善

❶教師の，育成を目指す資質・能力のとらえ方の深さが「深い学び」を生み出す

今回の改訂では，育成を目指す資質・能力が単に教え込めば定着するものではなく，生きて働く「知識及び技能」や，未知の状況に対応できる「思考力，判断力，表現力等」，そして「学びに向かう力，人間性等」といったものであることから，「主体的・対話的で深い学び」の視点からの授業改善が重視されている。その際，「主体的・対話的」は比較的把握しやすいが「深い学び」とは何かがとらえにくいという指摘もある。

「深い学び」の具体的な姿を解明するためには，そこで育成を目指す言葉の力とはいったい何かということを本質的なところで明らかにする必要がある。「活動ばかりで力が付かない」という言葉を聞くことがあるが，活動を重視するから力が付かないのではなく，いったいどんな言葉の力を付けたいのかがあいまいなまま活動をしてしまうことから，そのような状況に陥ることが極めて多く見受けられる。安易に活動のない，教材を教え込む授業に戻ることが深い学びにつながるわけではない。むしろ教科目標に明示されたように，国語科は，言語活動を通して資質・能力を育成する教科であることから，言語活動の質の高さが資質・能力を確かに育成できるかどうかに直結するものとなる。

今回の改善点の一つである，語彙を豊かにすることを例に考えてみよう。語彙を豊かにするための指導の在り方を，辞書にある言葉を暗記させるととらえてしまうのではなく，子供たちが自分に必要な情報を理解したり，自分の思いにふさわしい言葉で表現したりするなど，課題解決の過程となる言語活動を行う中で，多彩な言葉を駆使できるようにすることを目指すことが「深い学び」の視点からの授業改善につながる。

これは，学習指導要領の構造にも大きく関わる。今回の学習指導要領の国語の内容は，〔知識及び技能〕と，３領域で構成される〔思考力，判断力，表現力等〕と大きく二つの柱で構造化されている。現行と異なり，〔知識及び技能〕が先に示されているため，まずこれを一つ一つ教え込んだ後で，〔思考力，判断力，表現力等〕を指導するというイメージでとらえてしまうと，〔知識及び技能〕のとらえ方は本質的なところには至りにくい。

また国語の場合，「深い学び」とは，深く読み取らせることなのではないかととらえられる場合もある。しかし，深く読み取るというのは，極めてあいまいな言い方である。まず学年の系統性がはっきりしていない。また例えば作品の主題を深くとらえると言ったときに，主題とは何かを考える際，作者が伝えたかったことという意味合いだけではなく，作者の手を離れて，作品そのものがもつメッセージという意味合いや，さらには読者自身が自分の思考や感情や体験とどう重ねて新たな意味を見いだしていくかという，読者の視点も重要になる。そうした多面的な視点から主題をとらえる必要があると考えていくと，教材を深く読み取らせると言っただけでは非常にあいまいなのである。

むしろ子供たちに育みたい読む能力は，ただ単に与えられた文章の意味内容を受け取るだけの狭いものではなくなってくるだろう。10年後，20年後，30年後を見据え，子供たちが変化の激しい社会を生きていくためには，いったいどんな読む能力が必要なのかと考えたときに，いろいろな情報を自ら手を伸ばして得たり，一つの情報だけではなく，複数を比較検討して自分の考えを明確にしたりする力も一層重要になる。

つまり，子供たちにとって必要な資質・能力を教師がとらえる深さが「深い学び」を生み出す基盤になっていくのである。

❷これまでの学びを生かして「言葉による見方・考え方」を働かせていく

「深い学び」の鍵となるのが「見方・考え方」であると言われている。新『小学校学習指導要領解説国語編』には，「指導計画作成上の配慮事項」の解説箇所に，次のような記述がある。

> ○国語科は，様々な事物，経験，思い，考え等をどのように言葉で理解し，どのように言葉で表現するか，という言葉を通じた理解や表現及びそこで用いられる言葉そのものを学習対象としている。言葉による見方・考え方を働かせるとは，児童が学習の中で，対象と言葉，言葉と言葉との関係を，言葉の意味，働き，使い方等に着目して捉えたり問い直したりして，言葉への自覚を高めることであると考えられる。

国語科が「言葉そのものを学習対象としている」ことについては，これまでもその重要性が指摘されてきた。例えば説明的な文章教材では，乗り物の機能に応じた構造や昆虫，動植物の生態などを取り上げた内容のものが多く見られる。しかし乗り物の構造や動植物の生態に詳しい子供を育てることが国語科のねらいではない。

もう一つの視点は，「言葉への自覚を高めること」である。これは，「児童が」自ら言葉への自覚を高めることを意味している。そのための手立てとして教師が指導を工夫することは不可欠であるが，教師の指示がなければいつまでも言葉を自覚的にとらえない子供を育てようとするのではない。真に目指すのは子供自身が自覚的に言葉に着目する姿である。

ではどうすれば子供自身が言葉に着目することが可能になるだろうか。国語科では従来から言葉にこだわることが重視されてきたが，どちらかと言えば教師がこだわるのみであったり，教師のこだわる言葉を言い当てさせたりすることになってしまうこともあったのではないだろうか。また，小学校高学年以降はまだしも，低学年の子供たちが言葉にこだわるといったことは想定しにくいといったこともあるのではないか。

しかし，低学年の子供たちであっても，お気に入りの物語を読んで「ここが大好き」といった思いをもつことがあるだろう。また中・高学年の子供たちが物語の「ここが引っかかる」「ここがじーんと来る」といった感情を抱くこともあるだろう。読むことに苦手意識をもつ子供たちが，大好きなところを見付けることにも課題がある現状を踏まえると，子供自身が言葉に着目する機会を一層重視する必要がある。

もちろん，単発の活動として好きなところを見付けるだけでは十分ではない。言葉に自覚的になるためにも，子供自身にとっての課題解決の過程となる言語活動を位置付けることが重要になる。例えば，中学年であれば「好きな作品のおもしろさの秘密を説明しよう」といった言語活動を工夫することが考えられる。好きな作品であればあるほど，「単に何となくおもしろい」のではなくなぜおもしろいのかをより明確に説明しようとするだろう。そうした局面を生かすことで，改めて自分が大好きな言葉はどの叙述なのか，そしてその理由となる言葉はどこにあるのかを吟味するだろう。それは，言葉と言葉との関係をとらえたり問い直したりする姿でもある。例えばこうした言語活動を工夫することが，子供が言葉への自覚を高めることを可能にするのである。

「大好きなところ」「心に響く優れた叙述」だとする理由は，学年によって異なる。低学年なら，当該の場面の登場人物の言動や，自分の経験との結び付きが挙げられる。例えば「勇気のあることをしたから好き」「自分も同じ経験があるから好き」などといった理由付けをすることが考えられる。中学年なら当該の場面のみならず，前後の場面の移り変わりや登場人物の気持ちの変化を押さえることとなる。またシリーズ作品間の関連性を基に好きな理由を挙げることも考えられる。高学年なら人物の相互関係とその変化など物語全体の叙述を結び付けて意味を見いだしたり，同じテーマの他の作品と関連付けたりして理由付けすることも考えられる。

こうした手がかりは，指導事項等から導き出すことができる。つまり繰り返し身に付けながら系統的に上の学年に発展していくのである。「見方・考え方」はそれを働かせて資質・能力を身に付けるものであるために，当該単元で育成を目指す資質・能力そのものではない。前学年・前単元までに身に付けた資質・能力が基盤となって，次単元・次学年の学習で働く言葉による見方・考え方が養われることとなる。

2　授業改善に向けて押さえたい新学習指導要領・国語の構造と基本的な特徴

❶教科目標及び学年目標

教科目標は次の通りである。

第1　目　標

言葉による見方・考え方を働かせ，言語活動を通して，国語で正確に理解し適切に表現する資質・能力を次のとおり育成することを目指す。

(1)　日常生活に必要な国語について，その特質を理解し適切に使うことができるようにする。
(2)　日常生活における人との関わりの中で伝え合う力を高め，思考力や想像力を養う。
(3)　言葉がもつよさを認識するとともに，言語感覚を養い，国語の大切さを自覚し，国語を尊重してその能力の向上を図る態度を養う。

今回の改訂においては，従来からの，言語活動を通して指導事項を指導するという国語科の基本的な特徴を，教科目標に明示している点に大きな特徴がある。すなわち，単元に位置付ける言語活動の質が，子供たちに育成を目指す資質・能力を十分に育めるかどうかを決定付ける鍵になるとも言えるだろう。平成20年版学習指導要領下では，言語活動を明確に位置付けた授業改善が飛躍的に進んだが，その成果を一層生かし，着実に授業改善を進めることが重要になるのである。

学年目標は，後述の資料（pp.29〜31）の通りである。教科目標と同様に，(1)は「知識及び技能」，(2)は「思考力，判断力，表現力等」，(3)は「学びに向かう力，人間性等」に係る目標として示されている。現行学習指導要領が領域ごとに学年目標を示していたのに対して，新学習指導要領では，資質・能力の三つの柱で示している点が変更点である。

❷各学年の内容

各学年の内容は，後述の資料（pp.29〜31）の通りである。国語科の「２　内容」には，「知識・技能」に関わるものを〔知識及び技能〕，「思考力，判断力，表現力等」に関わるものを〔思考力，判断力，表現力等〕として示している。さらに〔思考力，判断力，表現力等〕は，現行同様「A 話すこと・聞くこと」，「B 書くこと」，「C 読むこと」の３領域によって構成されている。現行では３領域の後に〔伝統的な言語文化と国語の特質に関する事項〕が示されているのに対して，新学習指導要領では〔知識及び技能〕が〔思考力，判断力，表現力等〕より先に示される形をとっている。しかしこれは指導の順序性を示すものではないことに留意したい。つまり，まず知識や技能を与えて，後で思考・判断・表現させるといった一方通行の指導過程に変えていくという趣旨ではないことに留意する必要がある。

また国語科においては，「学びに向かう力，人間性等」については教科目標及び学年目標にのみ示され，内容には示されていない。「学びに向かう力，人間性等」は，それ自体が重要な資質・能力であるとともに〔知識及び技能〕や〔思考力，判断力，表現力等〕として内容に示された資質・能力を身に付ける上でも極めて重要な役割を担うものである。そのため，各単元で育成を目指す資質・能力を明確化するためには，年間指導計画を見通した上で，当該単元で指導する〔知識及び技能〕や〔思考力，判断力，表現力等〕の指導事項等を明らかにすることに加え，当該単元でどのような「学びに向かう力，人間性等」を育むのかを各学校等において明確にすることが大切になる。知識や技能を単に与えられた通りに使ったり，特定の思考の型通りに言語操作したりすることにとどまらず，自分自身の課題意識に支えられて自ら言葉に関する資質・能力を身に付けようとしたり，それを，新たな考えを創造するため，あるいは人と人とのよりよい関係をつくるためなどに用いたりしようとすることなどが重要になるのである。

❸指導計画の作成と内容の取扱いのポイント

新学習指導要領の「第３　指導計画の作成と内容の取扱い」には，授業を構想する際の重要な枠組みが多く示されている。

例えば第３の１に示す指導計画の作成に当たっての留意点として，「(1)　単元など内容や時間のまとまりを見通して，その中で育む資質・能力の育成に向けて，児童の主体的・対話的で深い学びの実現を図るようにすること。(以下略)」が示されており，主体的・対話的で深い学びの実現を図る上では，単元が国語科における学習の基本的な単位であることを明確にしている。

また「(6)　第２の第１学年及び第２学年の内容の〔知識及び技能〕の(3)のエ，第３学年及び第４学年，第５学年及び第６学年の内容の〔知識及び技能〕の(3)のオ及び各学年の内容の〔思考力，判断力，表現力等〕の『Ｃ読むこと』に関する指導については，読書意欲を高め，日常生活において読書活動を活発に行うようにするとともに，他教科等の学習における読書の指導や学校図書館における指導との関連を考えて行うこと」として，〔知識及び技能〕の読書に関する事項と「Ｃ読むこと」の指導に当たっては，読書活動等を十分取り入れた指導が求められている。

さらに第３の２に示す内容の取扱いについては，前掲の調べる活動や学校図書館の機能活用や情報検索等についての取扱いに加えて，例えば「(1)ア　日常の言語活動を振り返ることなどを通して，児童が，実際に話したり聞いたり書いたり読んだりする場面を意識できるよう指導を工夫すること」などが示されている。

3　新学習指導要領をフル活用するポイント

❶単元を基本単位とした，言語活動を通した課題解決の過程の構築

これまでも述べてきたように，〔知識及び技能〕の指導においては，自分自身の課題解決の過程となる言語活動の中で，必要となる知識や技能を獲得し使いこなしていくという姿が重要になる。これは〔思考力，判断力，表現力等〕の各領域の中でも同じことが言える。国語科における「思考力，判断力，表現力等」は，単に思考スキルを訓練したり，その場その場で教師の指示に従って思考したりすることを意味するものではなく，子供たち自身にとっての課題の解決に向かう過程において，目的性や必然性をもって思考・判断し，表現していくことで育まれる資質・能力である。そしてその課題解決は単元を基本単位として位置付けた言語活動によって具体化することを基本としている。以下，３領域について，指導事項の配列をどのように

とらえて，課題解決の過程を構築することに役立てればよいかを見ていこう。

ア 「B書くこと」の指導事項の配列と指導に生かすポイント

学習指導要領では従前から，学習の過程を明確にして指導事項を示している。この示し方を手がかりにすることが，単元構想の際に重要になる。平成10年版以降，こうした学習の過程が最も明示されているのが「B書くこと」である。新学習指導要領では「B書くこと」の指導事項は，図１に示すように，「題材の設定，情報の収集，内容の検討」，「構成の検討」，「考えの形成，記述」，「推敲」，「共有」といった書くことの過程に沿って，それぞれのプロセスで働く資質・能力を明確に示している。もちろん，書くことの過程は常にこのように一方通行であるわけではないため，実際の単元構想に当たっては，柔軟に学習の過程を組み替えて，指導の効果を高めることが重要になる。

イ 「A話すこと・聞くこと」の指導事項の配列と指導に生かすポイント

「A話すこと・聞くこと」では図２に示すように，「話すこと」，「聞くこと」，「話し合うこと」それぞれに学習の過程が見えるようにしている。例えば「聞くこと」においても，話を聞くプロセスから学習指導がスタートするのではなく，何について聞きたいかを明確にしたり，どのように聞いて質問するかを構想したりする資質・能力も重要になる。そのため，アに示す「話題の設定，情報の収集，内容の検討」は，現行の「話すこと・聞くこと」の指導事項の構成と同様に，「話すこと」のみならず「聞くこと」，「話し合うこと」い

図１

〔思考力，判断力，表現力等〕**「B書くこと」**
(1)書くことに関する次の事項を身に付けることができるよう指導する。

題材の設定，情報の収集，内容の検討
構成の検討
考えの形成，記述
推敲
共有

関連する〔知識及び技能〕

(2) (1)に示す事項については，例えば，次のような言語活動を通して指導するものとする。

言 語 活 動

※必ずしも上記の順番に指導する必要はない。

図２

〔思考力，判断力，表現力等〕**「A話すこと・聞くこと」**
(1) 話すこと・聞くことに関する次の事項を身に付けることができるよう指導する。

話すこと
話題の設定，情報の収集，内容の検討
話すこと（構成の検討，考えの形成）
話すこと（表現，共有）

聞くこと
話題の設定，情報の収集，内容の検討
聞くこと（構造と内容の把握，精査・解釈，考えの形成，共有）

話し合うこと
話題の設定，情報の収集，内容の検討
話し合うこと（話し合いの進め方の検討，考えの形成，共有）

関連する〔知識及び技能〕

(2) (1)に示す事項については，例えば，次のような言語活動を通して指導するものとする。

言 語 活 動

※必ずしも上記の順番に指導する必要はない。

図３

〔思考力，判断力，表現力等〕**「C読むこと」**
(1)読むことに関する次の事項を身に付けることができるよう指導する。

読書〔知識及び技能〕
構造と内容の把握（説明的な文章）
精査・解釈（説明的な文章）
構造と内容の把握（文学的な文章）
精査・解釈（文学的な文章）
考えの形成
共有

関連する〔知識及び技能〕

(2) (1)に示す事項については，例えば，次のような言語活動を通して指導するものとする。

言 語 活 動

※必ずしも上記の順番に指導する必要はない。

ずれにもかかるものとなっている。おおむねア→イ→ウ→エ→オという一つの系統で過程を示す「B書くこと」とは異なる構造である点に留意する必要がある。

ウ 「C読むこと」の指導事項の配列と指導に生かすポイント

「C読むこと」には「構造と内容の把握」「精査・解釈」「考えの形成」「共有」の指導事項が示されている。しかし，「A話すこと・聞くこと」，「B書くこと」と比較して，指導事項の配列を見ただけでは学習の過程がつかみにくくなっている。そこで，指導に生かすためには次のような点に留意することが極めて重要なものとなる。

○「A話すこと・聞くこと」の「話題の設定」や「B書くこと」の「題材の設定」に当たる指導事項が明示されていないため，これを言語活動の設定の工夫や〔知識及び技能〕の読書に関する事項で補い，「読書課題の設定と構想」とも言うべき過程を創り出すこと。

○「構造と内容の把握」や「精査・解釈」の指導事項の趣旨を明確に把握し，単なる無目的な読み取りに陥らないようにすること。

○現行学習指導要領にある「目的に応じた読書に関する指導事項」が明示されていないため，学年目標の(3)や〔知識及び技能〕(3)の読書に関する事項を十分生かすとともに，「第3　指導計画の作成と内容の取扱い」の2(3)に示す学校図書館の機能の活用や，言語活動例を豊かに具体化するなどして補うこと。

こうした点を整理すると，図3のように表すことができる。

このように，特に「C読むこと」については，指導事項だけで一連の学習過程を示しているわけではない。しかしこれは学習指導要領が，資質・能力を整理して提示するという役割をもっていることからくるものである。学習指導要領を十二分に生かして授業改善を推進していくためには「C読むこと」の指導事項だけを視野に入れるのではなく，学習指導要領全体を視野に入れて読むことの授業を構想することが重要であり，こうした使いこなし方を工夫することがさらなる授業改善の重要なステップともなる。

❷指導事項を読み解き，その趣旨を生かし切る

ここでは，国語科の授業改善の鍵を握るとも言える「C読むこと」の指導事項を取り上げて，さらに検討を進めたい。

ア 「精査・解釈」の趣旨をどうとらえるか

「C読むこと」には，「構造と内容の把握」「精査・解釈」といった指導事項が示されている。この指導事項の趣旨を，現行と比較して考えてみよう。

第3学年及び第4学年「C読むこと」
現行：文学的な文章の解釈

ウ　場面の移り変わりに注意しながら，登場人物の性格や気持ちの変化，情景などについて叙述を基に想像して読むこと。
新：構造と内容の把握（文学的な文章）
イ　登場人物の行動や気持ちなどについて，叙述を基に捉えること。
精査・解釈（文学的な文章）
エ　登場人物の気持ちの変化や性格，情景について，場面の移り変わりと結び付けて具体的に想像すること。

例えば，第３学年及び第４学年の現行学習指導要領の「読むこと」の領域の文学的な文章の解釈に関する指導事項には，「場面の移り変わりに注意しながら，登場人物の性格や気持ちの変化，情景などについて叙述を基に想像して読むこと」が示されている。これが新学習指導要領では「精査・解釈」の指導事項として「登場人物の気持ちの変化や性格，情景について，場面の移り変わりと結び付けて具体的に想像すること」と改訂されている。これは低学年の「エ　場面の様子に着目して，登場人物の行動を具体的に想像すること」を発展させたものである。つまり低学年では，「場面の様子に着目して」読むことに重点を置いていたのに対して，中学年では，単一の場面だけではなく，「場面の移り変わりと結び付け」る，すなわち複数場面を関連付けて読むことに重点を置くこととなる。

連続的に変化していく物語の展開の中の，どの場面とどの場面とを結び付けるかで解釈は異なってくる。ある一つの正解の結び付きやそれに基づく単一の正解の解釈があるわけではなく，読者である子供自身が複数の場面の複数の叙述を結び付けて「具体的に想像する」こととなる。その際，無目的無自覚に読み取るのではなく，それを自覚的に行うことが一層重要になるのである。

このように，子供自身が思考・判断するという要素を明示することによって，「精査・解釈」が無目的に読み取ることではなく，子供自身が読む際に主体的に働かせる〔思考力，判断力，表現力等〕の資質・能力を示すものであることを一層明確にしているのである。そう考えると，今までの授業では「今日は３の場面を読むよ」と，子供の思考・判断が入る余地なしで教師の指示する場面を読み取る学習となりがちだったものが，「作品の中であなたの心に残る場面や叙述はどれ？　なぜそこが心に残るのかを，他の場面の叙述も手がかりにしながら見付けてみよう」といった子供自身が言葉に着目する授業構想が容易になってくる。

イ　「構造と内容の把握」の趣旨をどうとらえるか

もちろんその際，着目した場面だけしか読まないことを意味するのではない。そのためにこそ，「構造と内容の把握」の指導事項が意味をもつようになってくる。例えば中学年の文学的な文章における「構造と内容の把握」のイの指導事項には，「登場人物の行動や気持ちなどについて，叙述を基に捉えること」が示されている。一見すると，ただ無目的に内容の読み取りをすればよいようにとらえられるかもしれない。しかしこれはあくまでも〔思考力，判断力，表現力等〕の指導事項である。つまり，前掲のエの指導事項にあるように，子供自身が「場面の移り変わりと結び付けて具体的に想像」できるようにするための前提となるプロセスで働く資質・能力が「登場人物の行動や気持ちなどについて，叙述を基に捉えること」である。そのため単に無目的に内容を読み取ればよいのではなく，作品のおもしろさを説明するなどの目的を十分見通して，自分自身がどの場面とどの場面とを結び付けて読むのかを判断することに向けて，作品全体における登場人物の行動や気持ちなどをとらえることが重要になるのである。こうした趣旨を十分理解することが新しい学習指導要領を使いこなすために必要なこととなる。

❸単元構想の基礎となる，資質・能力の再ユニット化

新学習指導要領の特徴を踏まえると，授業構想に当たってもう一つ重要なポイントが挙げられる。それは，〔思考力，判断力，表現力等〕の各領域の指導を行う際に，当該領域の指導事項に加えて，関連の深い〔知識及び技能〕の事項を，有機的に関連させられるようにすることである。

例えば「A話すこと・聞くこと」について，平成10年版に遡ると，〔言語事項〕に示されていた「発音・発声」など，「話すこと・聞くこと」の指導に関連の深い事項を，20年版の改訂では，学習の過程を明確化する観点から，「A話すこと・聞くこと」の指導事項として示した。このことにより，「話すこと・聞くこと」のプロセスに係る能力が一通り「A話すこと・聞くこと」の指導事項として網羅されることとなっていた。そのため，「A話すこと・聞くこと」の指導事項と言語活動を見れば，「話すこと・聞くこと」の授業づくりがおよそできるようになっていたのである。これは「B書くこと」「C読むこと」についてもほぼ同様である。いわば，領域ごとに資質・能力がユニット化されていたと言えよう。

これに対して今回の改訂では，育成を目指す資質・能力を明確にする観点から各教科等とも「知識及び技能」と「思考力，判断力，表現力等」を分けて内容を示すことが試みられた。国語科では例えば，現行の「B書くこと」の中学年には，「文章全体における段落の役割を理解し，自分の考えが明確になるように，段落相互の関係などに注意して文章を構成すること」が示されているが，改訂後は「段落の役割を理解」することは〔知識及び技能〕に，「文章を構成すること」は〔思考力，判断力，表現力等〕の「B書くこと」の構成の検討に分けて示されているのである。

そのため，新学習指導要領をより効果的に使いこなすためには，例えば「B書くこと」の単元を構想するに当たっては，「B書くこと」の指導事項のみならず，書くことに関連の深い〔知識及び技能〕の事項を十分視野に入れることが必須になる。つまり，いったん〔知識及び技能〕と〔思考力，判断力，表現力等〕に分けて整理した資質・能力を，各領域の指導の充実のために再ユニット化することが，年間を見通して資質・能力を調和的に育む授業づくりの重

要なプロセスになるのである。

読むことであれば，授業のイメージを豊かに思い描くと，子供たち自身が自分の目的に応じて本や文章を選んで読み，それらを読んで考えを形成・表現し，互いの読みを共有するといった過程が浮かんでくることだろう。そのため，〔思考力，判断力，表現力等〕の「Ｃ読むこと」の指導事項に加えて〔知識及び技能〕の(1)「音読・朗読に関する事項」や(3)「読書に関する事項」なども常に念頭に置いて指導を構想することが重要になる。とりわけ，これからの社会を生きる子供たちにとって必要な読むことの資質・能力を育むためには，「読書に関する事項」を十分に生かすことが極めて有効なものとなる。

もっと具体的に言うと，「Ｃ読むこと」の領域の中には，現行の「目的に応じた読書に関する指導事項」に当たる，本や文章を選んで読むという指導事項が位置付けられていない。しかしこれに当たるものとして，〔知識及び技能〕(3)に「読書に関する事項」がある。こうした事項を組み合わせた単元構想が極めて重要になるのである。

中央教育審議会答申（平成28年12月）の別添資料２－３には，国語ワーキンググループが取りまとめた「国語科における学習過程のイメージ」が示されている。ここにも「読むこと」については，「学習目的の理解（見通し）」，「選書」，「構造と内容の把握」，「精査・解釈」，「考えの形成」，「他者の読むことへの評価，他者からの評価」，「自分の学習に対する考察（振り返り）」，「次の学習活動への活用」という一連の学習の過程が明示されている。つまり，「Ｃ読むこと」の指導事項だけでは見えにくい，「選書」といった重要なプロセスで働く資質・能力を「読書に関する事項」などによって顕在化させることが大切なのである。

例えば中学年では，「読書に関する事項」は，〔知識及び技能〕の(3)オとして「幅広く読書に親しみ，読書が，必要な知識や情報を得ることに役立つことに気付くこと。」が示されている。説明文の学習指導に当たって，説明文教材を目的なく段落ごとに読み取らせて終わりにするのではなく，自分の知りたい情報などが詰まっている文章を自ら見付けて読み，情報を得てそのよさを実感する，そうした資質・能力を十分思い描いて授業構想することが重要になるのである。

また，これからの高度情報化社会を生きる子供たちにとっては，図鑑や事典などから情報を自ら得ていく検索の能力を身に付けることも非常に重要になる。新学習指導要領では，〔知識及び技能〕の(2)イに「辞書や事典の使い方を理解し使うこと」が示されている。現行では「事典」については言語活動例にのみ示されていたが，改訂後は事項として位置付けられている。事典を使いこなすためには必要な情報が何なのかを明らかにして，目的に応じて本の題名や種類に着目したり，目次や索引や見出しの読み方などを駆使したりして，自分にとって必要な情報を特定し，その中に埋め込まれている情報を見付けて読んで，自分は何が分かったのか，そして何が分からないからもっと調べたいのかなどということを明らかにしていくといったことが重要になる。そうした知識や技能を，自分が疑問に思ったことを調べたいという課題追究の過程において使いこなせるようにすることが重要になる。

❹「学びに向かう力，人間性等」の具体化

単元を構想する際にもう一つ忘れてはならないのが，教科目標及び学年目標にのみ示されている「学びに向かう力，人間性等」である。今回の改訂では，各教科等において育成を目指す資質・能力を「知識及び技能」,「思考力，判断力，表現力等」,「学びに向かう力，人間性等」の三つの柱によって整理することを試みている。国語科では前述のように，教科目標及び学年目標には三つの柱に対応した目標が示されているが，各学年の「2　内容」には，〔知識及び技能〕,〔思考力，判断力，表現力等〕の二つの柱に対応した内容のみが示されている。

そのため，単元において育成すべき資質・能力を明確にして授業を構想するためには，当該単元で取り上げて指導する〔知識及び技能〕と〔思考力，判断力，表現力等〕の指導事項等を明らかにすることに加えて,「学びに向かう力，人間性等」に係る資質・能力を具体的に設定することが重要になる。

例えば中学年の学年目標(3)には「言葉がもつよさに気付くとともに，幅広く読書をし，国語を大切にして，思いや考えを伝え合おうとする態度を養う」ことが示されている。つまり国語科の「読むこと」の指導は，子供たちが「幅広く読書を」する態度を養うことを目指すものとなる必要があり，こうしたことを具体的に目標として位置付けることが重要になる。

4　資質・能力を明確にした国語科の単元構想のステップと教材研究

これまでに述べてきたことを踏まえて，国語科の単元構想の基本的なステップを整理してみよう。概括的に言えば，当該領域に関連する資質・能力を再ユニット化し，その中から当該単元では〔思考力，判断力，表現力等〕のどの領域のどの指導事項を取り上げるか，その際〔知識及び技能〕のどの事項を組み合わせて単元の指導目標とするのか，さらには学年目標等を元に「学びに向かう力，人間性等」の目標をどう具体化するかを明らかにしていくこととなる。

その上で，それら当該単元で育成を目指す資質・能力をどんな言語活動を通して指導するかを明らかにすることとなる。

つまり，目の前の子供の実態や各学校のカリキュラムに応じて,〔知識及び技能〕と〔思考力，判断力，表現力等〕の中から当該単元で必要な指導事項等を取り上げ，目指す「学びに向かう力，人間性等」を具体化し，質の高い言語活動を位置付けて単元を構想する。その際，単元のねらいを適切に見定められるよう，おおむね領域ごとに指導事項と，関連の深い〔知識及び技能〕等を集約しておくことが，新学習指導要領をより使いこなしやすくするための準備として重要になる。これが指導事項等を再ユニット化することの意義である。

以下，より具体的なステップを検討していこう。

❶単元構想の基本ステップ

これまで述べてきたような，新学習指導要領を十二分に生かした単元の授業構想は，次のようなステップで進めることが考えられる。

ア　指導事項等の確認

・年間指導計画を基に，当該単元で取り上げて指導する〔知識及び技能〕，〔思考力，判断力，表現力等〕の指導事項等を確かめる。

・子供の実態を振り返り，再ユニット化した系統表を基に，取り上げる指導事項等に修正の必要があるかどうかを判断し，取り上げる指導事項等を確定する。

イ　言語活動の選定

・当該単元で指導する指導事項等を指導するのにふさわしい言語活動を選定したり設定したりする。

・言語活動を教師自身が行ってみたり，モデルを作成したりするなどして，設定した言語活動が指導のねらいを実現できるものとなっているかを確認する。

ウ　単元の指導目標と評価規準等の確定

・取り上げる指導事項等を基に，「学びに向かう力，人間性」に係る目標を含め，単元の指導目標を確定する。

・指導目標に準拠し，言語活動を踏まえて単元の評価規準を設定する。

エ　単元全体に，課題解決の過程となる言語活動を位置付けて，指導過程を構想する

・指導目標に掲げた資質・能力を身に付けることに向けて，子供自身が課題意識を自覚し，見通しをもって学ぶことができるよう，単元の導入を工夫する。

・単元の展開部（いわゆる第二次）では，各単位時間の学習が単元に位置付けた言語活動に結び付くものとなるように学習過程を構成し，子供たちがめあてに向かって必要な知識や技能を獲得したり，主体的に思考・判断・表現したりできるようにする。

・単元のゴールでは，身に付けた言葉の力を発揮して課題を解決するとともに，何ができるようになったかを振り返ることができるようにする。

・単元の指導計画における具体の評価規準を設定し，単元の指導目標を実現するものとなっているか，ずれはないかを確認し，指導過程を確定する。

オ　単位時間の指導過程を構想する

・単元の指導計画と評価規準に基づき，単元の指導目標を具体化した本時の指導目標を設定する。

・単元に位置付けた言語活動と密接に結び付き，本時の指導目標を実現するのにふさわしい本時のめあてを設定する。

・指導のねらいと学習のめあてを実現する本時の学習活動を構想した上で，学習活動の一つ一つが，子供にとって目的や必要性を十分自覚できるものとなっているかを確認する。

・一人一人の子供を念頭に置き，指導上の留意点等を具体化する。

・本時において子供のどのような姿が実現できればよいのかを考えて評価を具体化する。

❷質の高い言語活動を実現する教材研究のポイント

「教材研究」というと，文章教材を詳細に分析するというイメージが強いかもしれない。しかし，「話すこと・聞くこと」や「書くこと」領域では，教材文だけを詳細に分析して終わりにしてしまうことはないだろう。本来「読むこと」も同様である。教材とは，単元等において資質・能力を育むための媒体となるものである。国語科においては言語活動そのものが資質・能力を育むための教材となる。ここでは，従来の狭い意味での教材研究にとどまらず，質の高い言語活動を実現するための教材研究のポイントを挙げることとしたい。

ア　当該単元で育成を目指す資質・能力の明確な把握

従来は活動が目的化して，どのような力が付いたのか不明確だといった状況も見られてきた。しかしこうした状況に陥るのは，言語活動を重視しているからではなく，付けたい力が不明確であることが要因である場合が極めて多い。言語活動なしに，「この教材をこう読み取らせる」といった観点からのみ指導しても，読むことを苦手にしている子供ほどやはり「読めない」状況は続いてしまうのである。当該単元で育成を目指す資質・能力を明確に把握することは，教材研究を含む授業構想の基点である。

イ　言語活動の主体である子供が経験してきた学習や言語活動の把握

言語活動の主体は子供である。ねらいや教材の側から見て適切な言語活動でも，子供の実態とかけ離れたものであっては，負担が大きくなるなどして効果を発揮できない。そこで，子供たちがこれまでに，どのような言語活動を経験してきたか，どのような学習を行ってきたかを十分把握する必要がある。

ウ　言語活動そのものの特徴分析

社会科や理科同様，国語科も教材研究の対象は，教科書に載っている文章だけではない。本来，当該単元で取り上げる言語活動の吟味なしには授業を構想することが極めて難しくなる。「書くこと」で考えてみると，「作文を書く」といった把握にとどまらず，例えば「観察したことを記録する文章（観察記録文）を書く」などと言語活動を明確にすることが必要である。さらには，指導する内容が，「対象物を静的に詳しく観察して描写すること」であれば，植物などに関する観察記録文を書くこととなるだろうし，「変化や動きを描写すること」を指導したいなら，日頃飼育している動物を対象にしたり，一回の観察だけでなく継続的に観察記録を付けたりすることが考えられる。「読むこと」において，「いつもリーフレットで本を紹介する言語活動だけになってしまう」などと悩む場合があるが，リーフレット一つとっても，指導のねらいに応じてその構造は千差万別になる。指導のねらいと言語活動の特徴を吟味することで多彩な言語活動を構想することができるのである。

エ　教科書教材に対する，指導のねらいを観点とした分析

例えば小学校５年生の教材として教科書に掲載されている「注文の多い料理店」が，高校国語総合の教科書にも掲載されている事例がある。当然，同じ作品を扱う場合も両者ではねらい

が異なり，指導の在り方も異なる。つまり，指導のねらいの把握なしに「この教材ではこれを教える」などと固定的にとらえることはできないのである。

読者として純粋に教材を読んだり分析したりするのみならず，授業者としてどの指導事項を指導するのか，言語活動とどう結び付けるのかなどを念頭に置きながら，教材をどのように生かすかを考える必要がある。

オ　並行読書材の選定

文学研究においてある作品を取り上げる場合，比較対照するために他の作品を取り上げることが当然であるように，国語科の教材研究においても，教科書教材と関連する作品をどのように選定するかは極めて重要な教材研究内容である。近年，その実践の蓄積はめざましい。こうした教材研究は一層指導の効果を高めることにつながる。

（水戸部　修治）

Chapter 2

新学習指導要領・国語を使いこなす再ユニット化マトリックスと単元計画シート

再ユニット化のためのマトリックス

1　マトリックス作成の基本的な考え方

Chapter 1 述べてきたように，新学習指導要領を使いこなす上で，再ユニット化は重要な手続きになる。ここでは，各学校等における小学校国語科の授業改善に資するものとなるよう，次のような観点から，再ユニット化のためのマトリックスを提案することとする。

❶単元で指導する指導事項等を確認するために用いる

単元構想の基点となる指導のねらいの確定に当たっては，Chapter 1❸4の「❶単元構想の基本ステップ」で述べたように，年間指導計画に基づき，学習指導要領の当該学年の〔知識及び技能〕，〔思考力，判断力，表現力等〕の内容全体を見通すことが本筋である。しかし，より日常的に学習指導要領を踏まえた授業改善を推進しやすいよう，学習指導の実態に基づき，領域ごとに関連が深い内容をまとめたものが以下に示す表である。従って，特に関連の深い〔知識及び技能〕の欄は，固定的に考えず，適宜入れ替えたり追加したりすることが考えられる。

なお「学びに向かう力，人間性等」に関する指導目標は，各学校等において単元ごとに具体化する必要があることから，学年目標も記載している。

❷領域ごとに作成する

〔思考力，判断力，表現力等〕の「A話すこと・聞くこと」，「B書くこと」，「C読むこと」それぞれに，関連が深いと考えられる〔知識及び技能〕の事項を添えて作成した。そのため，同一の事項が複数の領域で取り上げられている場合もある。なお，〔知識及び技能〕の事項は3領域のいずれかに入るようにし，3領域ですべての事項を網羅できるようにしている。複数の領域の内容を有機的に組み合わせて構成する複合単元の場合は，双方の領域のマトリックスを参照してどの指導事項等を取り上げて指導するかを確認するとよい。

❸課題解決の過程となるよう指導事項等を再構成する

3領域の指導事項は，学習過程の明確化を目指しているが，Chapter 1❸3で述べたように，「C読むこと」については，他領域にある「話題の設定」や「題材の設定」といった学ぶ目的を明確にするプロセスが明示的ではない。そこで〔知識及び技能〕の「読書」に関する事項がそれに代わる重要な役割を担う。そのため，「C読むこと」では，マトリックスの指導事項等の最上段に，「読書」に関する事項を特出しして置き，課題解決の過程を構築しやすいように再構成した。

2　再ユニット化のためのマトリックスの活用

❶当該単元で取り上げる指導事項等の重点化

pp.29～31に示すマトリックス（資料１～資料３）は，各領域の指導事項に，関連すると考えられる〔知識及び技能〕の事項を組み合わせたものである。これらを年間あるいは２学年間のスパンでバランスよく指導することが求められる。そのため，年間指導計画を見通した上で，当該単元で取り上げる該当領域の指導事項及び〔知識及び技能〕の事項を明確に把握することが大切になる。なお，複数領域を組み合わせて指導する複合単元の場合は，複数のマトリックスの指導事項等を見通して，当該単元で育成する資質・能力を明確に把握することが求められる。

❷言語活動の構想

当該単元で指導する指導事項及び〔知識及び技能〕の事項が確定したら，その指導事項等を指導するために機能する質の高い言語活動を位置付けることが必要である。前述のような視点から教材研究を十分に行い，目の前の子供たちの実態に応じた言語活動を適切に位置付けることが大切になる。

授業づくりに向けた単元計画シートの活用と形式例

1 日々の授業改善を支える単元計画シートの活用

授業改善をより日常的に行うための手立てとして，pp.32～34に例示するような単元計画シート（資料４，資料５）の活用が考えられる。形式や呼称は様々であるが，近年研究校や授業改善に取り組む地域などで活用されている。

2 単元計画シートの具体的形式例

pp.32～33に例示する単元計画シート（資料４）は，当該単元で取り上げて指導する〔知識及び技能〕，〔思考力，判断力，表現力等〕の指導事項等を明確にした上で，そのねらいを実現するための言語活動とその特徴について，(1)どのような言語活動か，(2)どのような特徴をもつ言語活動か，(3)指導目標とどう結び付くかを明らかにするものとなっている。単元の指導計画と単位時間（本時）の指導計画には，学習のめあてとなる学習課題を記載する形を取っている。単元に位置付ける言語活動が単元の指導計画における学習課題となるが，各単位時間の学習課題を設定する際は，その言語活動と密接に結び付くようにすることがポイントである。項目の１～５までは単元構想時に，項目６は各単位時間の授業構想時に活用することが考えられる。

なお，より日常的な授業改善を進めるために，さらに簡略化したものがp.34に例示した資料５である。

単元計画シート記入例

小学校国語科単元計画シート

1　単元名（教材名，並行読書材等）
白いぼうし　他，「車のいろは空のいろ」シリーズ作品

2　当該単元で指導する主な指導事項等

		主な指導事項等（記号）
〔知識及び技能〕		(1)オ（様子や行動，気持ちや性格を表す語句）
〔思考力，判断力，表現力等〕	A話すこと・聞くこと	
	B書くこと	
	C読むこと	エ（精査・解釈，文学），カ（共有）

3　言語活動とその特徴

（1）どのような言語活動か
物語の不思議なところとその根拠となる叙述を見付けて，「不思議フリップ」にまとめて紹介し合う。
（2）どのような特徴をもつ言語活動か
ファンタジー作品を読み，不思議なところと，その根拠となる叙述を見付けて，「不思議フリップ」にまとめる。さらに物語と不思議フリップを用いて交流し，一人一人の感じ方や解釈の違いを明らかにする。
（3）指導目標とどう結び付くか
ファンタジー作品について，不思議なところを見付け，その根拠を他の場面の叙述から見付けることで，Cエの「場面の移り変わりと結び付けて具体的に想像」して読む能力の育成を実現できる。また，不思議なところとその根拠となる叙述とを，フリップに端的にまとめることで交流を促し，それを共有することでCカの「一人一人の感じ方の違いに気付く」ことを実現することができる。さらに登場人物の気持ちの変化や性格などを不思議なところの根拠と結び付けて説明することで，登場人物の様子や行動，気持ちや性格を表す語句を増やすことができ，〔知識及び技能〕(1)オの実現につながる。

4　単元の指導目標

○様子や行動，気持ちや性格を表す語句を増やすことができる。（知・技(1)オ）
○不思議なところとその根拠となる叙述を，場面の移り変わりと結び付けて具体的に想像したり，それを共有し，一人一人の感じ方などに違いのあることに気付いたりすることができる。（C エ，カ）
○ファンタジー作品を読む楽しさを味わい，進んで感想などを交流しようとすることができる。（学びに向かう力等）

5　単元の指導計画の概要（10時間扱い）

導入（1）	展開（5）			発展（4）
学習課題　物語の不思議なところとそのわけを見付けて，「不思議フリップ」で紹介し合おう。				
・教師による物語の紹介を聞く。 ・不思議フリップのつくりを確かめる。 ・先行読書してきたシリーズから紹介したい作品を選ぶ。	・本の紹介に向けて「白いぼうし」のあらすじをつかむ。 ・本の紹介に向けて選んだ作品のあらすじをつかむ。	・「白いぼうし」と選んだ作品について，不思議フリップで解き明かしたい作品の不思議なところを見付ける。	・「白いぼうし」の不思議のわけとなる叙述を見付ける。（本時） ・選んだ作品の不思議のわけを見付けて不思議フリップにまとめる。	・同じ作品を読み合った子供同士でグループをつくり，不思議フリップと本を用いて交流する。 ・感想や解釈の違いを明らかにし，さらに読み返したり交流したりする。

6　本時の指導計画の概要（5／10）

導入	展開	まとめ
学習課題　不思議フリップでの紹介に向けて，見付けた不思議を解き明かそう。		
・不思議フリップで見付けた不思議とそのわけを交流するという単元のめあてを見通し，「白いぼうし」で不思議を解き明かす根拠となる叙述を見付けるという本時の学習課題を確認する。	・全文掲示を基に，前時までに「白いぼうし」でどのような叙述に着目して不思議を見付けたのかを振り返る。 ・不思議なところを解き明かす根拠となる叙述について，複数の場面の叙述を結び付けて見付けている子供を取り上げて，読みの手がかりを学級全体で共有する。 ・自分の不思議を解き明かす根拠となる叙述を見付ける。 ・不思議とその叙述とがどのように結び付くのかをはっきりさせるために交流する。	・自分の不思議とその根拠となる叙述とを結び付けてワークシートに書きまとめる。 ・次時，選んだ作品で不思議を解き明かせそうかを見通す。

＊ pp.29～34の資料１～資料５のデータは，以下の専用 URL からダウンロードできます。
・URL　http://meijitosho.co.jp/299210#supportinfo
・ユーザー名　299210
・パスワード　hqlapg34

（水戸部　修治）

資料1　再ユニット化マトリックス「A話すこと・聞くこと」編

学年				小学校 第1・2学年	小学校 第3・4学年	小学校 第5・6学年
学年目標			知識及び技能	(1) 日常生活に必要な国語の知識や技能を身に付けるとともに，我が国の言語文化に親しんだり理解したりすることができるようにする。	(1) 日常生活に必要な国語の知識や技能を身に付けるとともに，我が国の言語文化に親しんだり理解したりすることができるようにする。	(1) 日常生活に必要な国語の知識や技能を身に付けるとともに，我が国の言語文化に親しんだり理解したりすることができるようにする。
学年目標			思考力，判断力，表現力等	(2) 順序立てて考える力や感じたり想像したりする力を養い，日常生活における人との関わりの中で伝え合う力を高め，自分の思いや考えをもつことができるようにする。	(2) 筋道立てて考える力や豊かに感じたり想像したりする力を養い，日常生活における人との関わりの中で伝え合う力を高め，自分の思いや考えをまとめることができるようにする。	(2) 筋道立てて考える力や豊かに感じたり想像したりする力を養い，日常生活における人との関わりの中で伝え合う力を高め，自分の思いや考えを広げることができるようにする。
学年目標			学びに向かう力，人間性等	(3) 言葉がもつよさを感じるとともに，楽しんで読書をし，国語を大切にして，思いや考えを伝え合おうとする態度を養う。	(3) 言葉がもつよさに気付くとともに，幅広く読書をし，国語を大切にして，思いや考えを伝え合おうとする態度を養う。	(3) 言葉がもつよさを認識するとともに，進んで読書をし，国語の大切さを自覚して，思いや考えを伝え合おうとする態度を養う。
〔思考力、判断力、表現力等〕	A 話すこと・聞くこと			(1) 話すこと・聞くことに関する次の事項を身に付けることができるよう指導する。		
		話す	話題の設定 情報の収集 内容の検討	ア 身近なことや経験したことなどから話題を決め，伝え合うために必要な事柄を選ぶこと。	ア 目的を意識して，日常生活の中から話題を決め，集めた材料を比較したり分類したりして，伝え合うために必要な事柄を選ぶこと。	ア 目的や意図に応じて，日常生活の中から話題を決め，集めた材料を分類したり関係付けたりして，伝え合う内容を検討すること。
		話す	構成の検討 考えの形成	イ 相手に伝わるように，行動したことや経験したことに基づいて，話す事柄の順序を考えること。	イ 相手に伝わるように理由や事例などを挙げながら，話の中心が明確になるよう話の構成を考えること。	イ 話の内容が明確になるように，事実と感想，意見とを区別するなど，話の構成を考えること。
		話す	表現 共有	ウ 伝えたい事柄や相手に応じて，声の大きさや速さなどを工夫すること。	ウ 話の中心や話す場面を意識して，言葉の抑揚や強弱，間の取り方などを工夫すること。	ウ 資料を活用するなどして，自分の考えが伝わるように表現を工夫すること。
		聞く	話題の設定（再掲） 情報の収集（再掲）	【再掲】 ア 身近なことや経験したことなどから話題を決め，伝え合うために必要な事柄を選ぶこと。	【再掲】 ア 目的を意識して，日常生活の中から話題を決め，集めた材料を比較したり分類したりして，伝え合うために必要な事柄を選ぶこと。	【再掲】 ア 目的や意図に応じて，日常生活の中から話題を決め，集めた材料を分類したり関係付けたりして，伝え合う内容を検討すること。
		聞く	構造と内容の把握 精査・解釈 考えの形成 共有	エ 話し手が知らせたいことや自分が聞きたいことを落とさないように集中して聞き，話の内容を捉えて感想をもつこと。	エ 必要なことを記録したり質問したりしながら聞き，話し手が伝えたいことや自分が聞きたいことの中心を捉え，自分の考えをもつこと。	エ 話し手の目的や自分が聞こうとする意図に応じて，話の内容を捉え，話し手の考えと比較しながら，自分の考えをまとめること。
		話し合う	話題の設定（再掲） 情報の収集（再掲） 内容の検討（再掲）	【再掲】 ア 身近なことや経験したことなどから話題を決め，伝え合うために必要な事柄を選ぶこと。	【再掲】 ア 目的を意識して，日常生活の中から話題を決め，集めた材料を比較したり分類したりして，伝え合うために必要な事柄を選ぶこと。	【再掲】 ア 目的や意図に応じて，日常生活の中から話題を決め，集めた材料を分類したり関係付けたりして，伝え合う内容を検討すること。
		話し合う	話合いの進め方の検討 考えの形成 共有	オ 互いの話に関心をもち，相手の発言を受けて話をつなぐこと。	オ 目的や進め方を確認し，司会などの役割を果たしながら話し合い，互いの意見の共通点や相違点に着目して，考えをまとめること。	オ 互いの立場や意図を明確にしながら計画的に話し合い，考えを広げたりまとめたりすること。
〔知識及び技能〕	(1)		言葉の働き	ア 言葉には，事物の内容を表す働きや，経験したことを伝える働きがあることに気付くこと。	ア 言葉には，考えたことや思ったことを表す働きがあることに気付くこと。	ア 言葉には，相手とのつながりをつくる働きがあることに気付くこと。
	(1)		話し言葉	イ 音節と文字との関係，アクセントによる語の意味の違いなどに気付くとともに，姿勢や口形，発声や発音に注意して話すこと。	イ 相手を見て話したり聞いたりするとともに，言葉の抑揚や強弱，間の取り方などに注意して話すこと。	イ 話し言葉と書き言葉との違いに気付くこと
	(1)		語彙	オ 身近なことを表す語句の量を増し，話や文章の中で使うとともに，言葉には意味による語句のまとまりがあることに気付き，語彙を豊かにすること。	オ 様子や行動，気持ちや性格を表す語句の量を増し，話や文章の中で使うとともに，言葉には性質や役割による語句のまとまりがあることを理解し，語彙を豊かにすること。	オ 思考に関わる語句の量を増し，話や文章の中で使うとともに，語句と語句との関係，語句の構成や変化について理解し，語彙を豊かにすること。また，語感や言葉の使い方に対する感覚を意識して，語や語句を使うこと。
	(1)		文や文章	カ 文の中における主語と述語との関係に気付くこと。	カ 主語と述語との関係，修飾と被修飾との関係，指示する語句と接続する語句の役割，段落の役割について理解すること。	カ 文の中での語句の係り方や語順，文と文との接続の関係，話や文章の構成や展開，話や文章の種類とその特徴について理解すること。
	(1)		言葉遣い	キ 丁寧な言葉と普通の言葉との違いに気を付けて使うとともに，敬体で書かれた文章に慣れること。	キ 丁寧な言葉を使うとともに，敬体と常体との違いに注意しながら書くこと。	キ 日常よく使われる敬語を理解し使い慣れること。
	(2)		情報と情報との関係	ア 共通，相違，事柄の順序など情報と情報との関係について理解すること。	ア 考えとそれを支える理由や事例，全体と中心など情報と情報との関係について理解すること。	ア 原因と結果など情報と情報との関係について理解すること。
	(2)		情報の整理		イ 比較や分類の仕方，必要な語句などの書き留め方，引用の仕方や出典の示し方，辞書や事典の使い方を理解し使うこと。	イ 情報と情報との関係付けの仕方，図などによる語句と語句との関係の表し方を理解し使うこと。
	(3)		伝統的な言語文化	ア 昔話や神話・伝承などの読み聞かせを聞くなどして，我が国の伝統的な言語文化に親しむこと。 イ 長く親しまれている言葉遊びを通して，言葉の豊かさに気付くこと。	ア 易しい文語調の短歌や俳句を音読したり暗唱したりするなどして，言葉の響きやリズムに親しむこと。 イ 長い間使われてきたことわざや慣用句，故事成語などの意味を知り，使うこと。	ア 親しみやすい古文や漢文，近代以降の文語調の文章を音読するなどして，言葉の響きやリズムに親しむこと。 イ 古典について解説した文章を読んだり作品の内容の大体を知ったりすることを通して，昔の人のものの見方や感じ方を知ること。
言語活動例				(2) (1)に示す事項については，例えば，次のような言語活動を通して指導するものとする。		
言語活動例				ア 紹介や説明，報告など伝えたいことを話したり，それらを聞いて声に出して確かめたり感想を述べたりする活動。	ア 説明や報告など調べたことを話したり，それらを聞いたりする活動。 イ 質問するなどして情報を集めたり，それらを発表したりする活動。	ア 意見や提案など自分の考えを話したり，それらを聞いたりする活動。 イ インタビューなどをして必要な情報を集めたり，それらを発表したりする活動。
言語活動例				イ 尋ねたり応答したりするなどして，少人数で話し合う活動。	ウ 互いの考えを伝えるなどして，グループや学級全体で話し合う活動。	ウ それぞれの立場から考えを伝えるなどして話し合う活動。

資料2 再ユニット化マトリックス「B書くこと」編

学年			小学校 第1・2学年	小学校 第3・4学年	小学校 第5・6学年
学年目標		知識及び技能	(1) 日常生活に必要な国語の知識や技能を身に付けるとともに，我が国の言語文化に親しんだり理解したりすることができるようにする。	(1) 日常生活に必要な国語の知識や技能を身に付けるとともに，我が国の言語文化に親しんだり理解したりすることができるようにする。	(1) 日常生活に必要な国語の知識や技能を身に付けるとともに，我が国の言語文化に親しんだり理解したりすることができるようにする。
		思考力，判断力，表現力等	(2) 順序立てて考える力や感じたり想像したりする力を養い，日常生活における人との関わりの中で伝え合う力を高め，自分の思いや考えをもつことができるようにする。	(2) 筋道立てて考える力や豊かに感じたり想像したりする力を養い，日常生活における人との関わりの中で伝え合う力を高め，自分の思いや考えをまとめることができるようにする。	(2) 筋道立てて考える力や豊かに感じたり想像したりする力を養い，日常生活における人との関わりの中で伝え合う力を高め，自分の思いや考えを広げることができるようにする。
		学びに向かう力，人間性等	(3) 言葉がもつよさを感じるとともに，楽しんで読書をし，国語を大切にして，思いや考えを伝え合おうとする態度を養う。	(3) 言葉がもつよさに気付くとともに，幅広く読書をし，国語を大切にして，思いや考えを伝え合おうとする態度を養う。	(3) 言葉がもつよさを認識するとともに，進んで読書をし，国語の大切さを自覚して，思いや考えを伝え合おうとする態度を養う。
〔思考力，判断力，表現力等〕	B 書くこと	題材の設定 情報の収集 内容の検討	ア 経験したことや想像したことなどから書くことを見付け，必要な事柄を集めたり確かめたりして，伝えたいことを明確にすること。	ア 相手や目的を意識して，経験したことや想像したことなどから書くことを選び，集めた材料を比較したり分類したりして，伝えたいことを明確にすること。	ア 目的や意図に応じて，感じたことや考えたことなどから書くことを選び，集めた材料を分類したり関係付けたりして，伝えたいことを明確にすること。
		構成の検討	イ 自分の思いや考えが明確になるように，事柄の順序に沿って簡単な構成を考えること。	イ 書く内容の中心を明確にし，内容のまとまりで段落をつくったり，段落相互の関係に注意したりして，文章の構成を考えること。	イ 筋道の通った文章となるように，文章全体の構成や展開を考えること。
		考えの形成 記述	ウ 語と語や文と文との続き方に注意しながら，内容のまとまりが分かるように書き表し方を工夫すること。	ウ 自分の考えとそれを支える理由や事例との関係を明確にして，書き表し方を工夫すること。	ウ 目的や意図に応じて簡単に書いたり詳しく書いたりするとともに，事実と感想，意見とを区別して書いたりするなど，自分の考えが伝わるように書き表し方を工夫すること。 エ 引用したり，図表やグラフなどを用いたりして，自分の考えが伝わるように書き表し方を工夫すること。
		推敲	エ 文章を読み返す習慣を付けるとともに，間違いを正したり，語と語や文と文との続き方を確かめたりすること。	エ 間違いを正したり，相手や目的を意識した表現になっているかを確かめたりして，文や文章を整えること。	オ 文章全体の構成や書き表し方などに着目して，文や文章を整えること。
		共有	オ 文章に対する感想を伝え合い，自分の文章の内容や表現のよいところを見付けること。	オ 書こうとしたことが明確になっているかなど，文章に対する感想や意見を伝え合い，自分の文章のよいところを見付けること。	カ 文章全体の構成や展開が明確になっているかなど，文章に対する感想や意見を伝え合い，自分の文章のよいところを見付けること。
〔知識及び技能〕	(1)	言葉の働き	ア 言葉には，事物の内容を表す働きや，経験したことを伝える働きがあることに気付くこと。	ア 言葉には，考えたことや思ったことを表す働きがあることに気付くこと。	ア 言葉には，相手とのつながりをつくる働きがあることに気付くこと。
		書き言葉	ウ 長音，拗音，促音，撥音などの表記，助詞の「は」，「へ」及び「を」の使い方，句読点の打ち方，かぎ（「 」）の使い方を理解して文や文章の中で使うこと。また，平仮名及び片仮名を読み，書くとともに，片仮名で書く語の種類を知り，文や文章の中で使うこと。	ウ 漢字と仮名を用いた表記，送り仮名の付け方，改行の仕方を理解して文や文章の中で使うとともに，句読点を適切に打つこと。また，第3学年においては，日常使われている簡単な単語について，ローマ字で表記されたものを読み，ローマ字で書くこと。	ウ 文や文章の中で漢字と仮名を適切に使い分けるとともに，送り仮名や仮名遣いに注意して正しく書くこと。
		漢字	エ 第1学年においては，別表の学年別漢字配当表（以下「学年別漢字配当表」という。）の第1学年に配当されている漢字を読み，漸次書き，文や文章の中で使うこと。第2学年においては，学年別漢字配当表の第2学年までに配当されている漢字を読むこと。また，第1学年に配当されている漢字を書き，文や文章の中で使うとともに，第2学年に配当されている漢字を漸次書き，文や文章の中で使うこと。	エ 第3学年及び第4学年の各学年においては，学年別漢字配当表の当該学年までに配当されている漢字を読むこと。また，当該学年の前の学年までに配当されている漢字を書き，文や文章の中で使うとともに，当該学年に配当されている漢字を漸次書き，文や文章の中で使うこと。	エ 第5学年及び第6学年の各学年においては，学年別漢字配当表の当該学年までに配当されている漢字を読むこと。また，当該学年の前の学年までに配当されている漢字を書き，文や文章の中で使うとともに，当該学年に配当されている漢字を漸次書き，文や文章の中で使うこと。
		語彙	オ 身近なことを表す語句の量を増し，話や文章の中で使うとともに，言葉には意味による語句のまとまりがあることに気付き，語彙を豊かにすること。	オ 様子や行動，気持ちや性格を表す語句の量を増し，話や文章の中で使うとともに，言葉には性質や役割による語句のまとまりがあることを理解し，語彙を豊かにすること。	オ 思考に関わる語句の量を増し，話や文章の中で使うとともに，語句と語句との関係，語句の構成や変化について理解し，語彙を豊かにすること。また，語感や言葉の使い方に対する感覚を意識して，語や語句を使うこと。
		文や文章	カ 文の中における主語と述語との関係に気付くこと。	カ 主語と述語との関係，修飾と被修飾との関係，指示する語句と接続する語句の役割，段落の役割について理解すること。	カ 文の中での語句の係り方や語順，文と文との接続の関係，話や文章の構成や展開，話や文章の種類とその特徴について理解すること。
		表現の技法	ア 共通，相違，事柄の順序など情報と情報との関係について理解すること。	ア 考えとそれを支える理由や事例，全体と中心など情報と情報との関係について理解すること。	ア 原因と結果など情報と情報との関係について理解すること。
	(2)	情報と情報との関係		イ 比較や分類の仕方，必要な語句などの書き留め方，引用の仕方や出典の示し方，辞書や事典の使い方を理解し使うこと。	イ 情報と情報との関係付けの仕方，図などによる語句と語句との関係の表し方を理解し使うこと。
		情報の整理	ア 昔話や神話・伝承などの読み聞かせを聞くなどして，我が国の伝統的な言語文化に親しむこと。	ア 易しい文語調の短歌や俳句を音読したり暗唱したりするなどして，言葉の響きやリズムに親しむこと。	ア 親しみやすい古文や漢文，近代以降の文語調の文章を音読するなどして，言葉の響きやリズムに親しむこと。
	(3)	伝統的な言語文化	イ 長く親しまれている言葉遊びを通して，言葉の豊かさに気付くこと。	イ 長い間使われてきたことわざや慣用句，故事成語などの意味を知り，使うこと。	イ 古典について解説した文章を読んだり作品の内容の大体を知ったりすることを通して，昔の人のものの見方や感じ方を知ること。
		言葉の由来や変化		ウ 漢字が，へんやつくりなどから構成されていることについて理解すること。	ウ 語句の由来などに関心をもつとともに，時間の経過による言葉の変化や世代による言葉の違いに気付き，共通語と方言との違いを理解すること。また，仮名及び漢字の由来，特質などについて理解すること。
		書写	ウ 書写に関する次の事項を理解し使うこと。 (ア) 姿勢や筆記具の持ち方を正しくして書くこと。 (イ) 点画の書き方や文字の形に注意しながら，筆順に従って丁寧に書くこと。 (ウ) 点画相互の接し方や交わり方，長短や方向などに注意して，文字を正しく書くこと。	エ 書写に関する次の事項を理解し使うこと。 (ア) 文字の組立て方を理解し，形を整えて書くこと。 (イ) 漢字や仮名の大きさ，配列に注意して書くこと。 (ウ) 毛筆を使用して点画の書き方への理解を深め，筆圧などに注意して書くこと。	エ 書写に関する次の事項を理解し使うこと。 (ア) 用紙全体との関係に注意して，文字の大きさや配列などを決めるとともに，書く速さを意識して書くこと。 (イ) 毛筆を使用して，穂先の動きと点画のつながりを意識して書くこと。 (ウ) 目的に応じて使用する筆記具を選び，その特徴を生かして書くこと。
言語活動例			ア 事物の仕組みを説明した文章などを読み，分かったことや考えたことを述べる活動。	ア 記録や報告などの文章を読み，文章の一部を引用して，分かったことや考えたことを説明したり，意見を述べたりする活動。	ア 説明や解説などの文章を比較するなどして読み，分かったことや考えたことを，話し合ったり文章にまとめたりする活動。
			イ 読み聞かせを聞いたり物語などを読んだりして，内容や感想などを伝え合ったり，演じたりする活動。	イ 詩や物語などを読み，内容を説明したり，考えたことなどを伝え合ったりする活動。	イ 詩や物語，伝記などを読み，内容を説明したり，自分の生き方などについて考えたことを伝え合ったりする活動。
			ウ 学校図書館などを利用し，図鑑や科学的なことについて書いた本などを読み，分かったことなどを説明する活動。	ウ 学校図書館などを利用し，事典や図鑑などから情報を得て，分かったことなどをまとめて説明する活動。	ウ 学校図書館などを利用し，複数の本や新聞などを活用して，調べたり考えたりしたことを報告する活動。

資料3　再ユニット化マトリックス「C読むこと」編

学年			小学校 第1・2学年	小学校 第3・4学年	小学校 第5・6学年
学年目標		知識及び技能	(1)　日常生活に必要な国語の知識や技能を身に付けるとともに，我が国の言語文化に親しんだり理解したりすることができるようにする。	(1)　日常生活に必要な国語の知識や技能を身に付けるとともに，我が国の言語文化に親しんだり理解したりすることができるようにする。	(1)日常生活に必要な国語の知識や技能を身に付けるとともに，我が国の言語文化に親しんだり理解したりすることができるようにする。
		思考力，判断力，表現力等	(2)　順序立てて考える力や感じたり想像したりする力を養い，日常生活における人との関わりの中で伝え合う力を高め，自分の思いや考えをもつことができるようにする。	(2)　筋道立てて考える力や豊かに感じたり想像したりする力を養い，日常生活における人との関わりの中で伝え合う力を高め，自分の思いや考えをまとめることができるようにする。	(2)　筋道立てて考える力や豊かに感じたり想像したりする力を養い，日常生活における人との関わりの中で伝え合う力を高め，自分の思いや考えを広げることができるようにする。
		学びに向かう力，人間性等	(3)　言葉がもつよさを感じるとともに，楽しんで読書をし，国語を大切にして，思いや考えを伝え合おうとする態度を養う。	(3)　言葉がもつよさに気付くとともに，幅広く読書をし，国語を大切にして，思いや考えを伝え合おうとする態度を養う。	(3)　言葉がもつよさを認識するとともに，進んで読書をし，国語の大切さを自覚して，思いや考えを伝え合おうとする態度を養う。
〔知識及び技能〕	(3)	読書	エ　読書に親しみ，いろいろな本があることを知ること。	オ　幅広く読書に親しみ，読書が，必要な知識や情報を得ることに役立つことに気付くこと。	オ　日常的に読書に親しみ，読書が，自分の考えを広げることに役立つことに気付くこと。
〔思考力，判断力，表現力等〕	C 読むこと	構造と内容の把握	ア　時間的な順序や事柄の順序などを考えながら，内容の大体を捉えること。 イ　場面の様子や登場人物の行動など，内容の大体を捉えること。	ア　段落相互の関係に着目しながら，考えとそれを支える理由や事例との関係などについて，叙述を基に捉えること。 イ　登場人物の行動や気持ちなどについて，叙述を基に捉えること。	ア　事実と感想，意見などとの関係を叙述を基に押さえ，文章全体の構成を捉えて要旨を把握すること。 イ　登場人物の相互関係や心情などについて，描写を基に捉えること。
		精査・解釈	ウ　文章の中の重要な語や文を考えて選び出すこと。 エ　場面の様子に着目して，登場人物の行動を具体的に想像すること。	ウ　目的を意識して，中心となる語や文を見付けて要約すること。 エ　登場人物の気持ちの変化や性格，情景について，場面の移り変わりと結び付けて具体的に想像すること。	ウ　目的に応じて，文章と図表などを結び付けるなどして必要な情報を見付けたり，論の進め方について考えたりすること。 エ　人物像や物語などの全体像を具体的に想像したり，表現の効果を考えたりすること。
		考えの形成	オ　文章の内容と自分の体験とを結び付けて，感想をもつこと。	オ　文章を読んで理解したことに基づいて，感想や考えをもつこと。	オ　文章を読んで理解したことに基づいて，自分の考えをまとめること。
		共有	カ　文章を読んで感じたことや分かったことを共有すること。	カ　文章を読んで感じたことや考えたことを共有し，一人一人の感じ方などに違いがあることに気付くこと。	カ　文章を読んでまとめた意見や感想を共有し，自分の考えを広げること。
〔知識及び技能〕	(1)	言葉の働き	ア　言葉には，事物の内容を表す働きや，経験したことを伝える働きがあることに気付くこと。	ア　言葉には，考えたことや思ったことを表す働きがあることに気付くこと。	ア　言葉には，相手とのつながりをつくる働きがあることに気付くこと。
		語彙	オ　身近なことを表す語句の量を増し，話や文章の中で使うとともに，言葉には意味による語句のまとまりがあることに気付き，語彙を豊かにすること。	オ　様子や行動，気持ちや性格を表す語句の量を増し，話や文章の中で使うとともに，言葉には性質や役割による語句のまとまりがあることを理解し，語彙を豊かにすること。	オ　思考に関わる語句の量を増し，話や文章の中で使うとともに，語句と語句との関係，語句の構成や変化について理解し，語彙を豊かにすること。また，語感や言葉の使い方に対する感覚を意識して，語や語句を使うこと。
		表現の技法			ク　比喩や反復などの表現の工夫に気付くこと。
		音読，朗読	ク　語のまとまりや言葉の響きなどに気を付けて音読すること。	ク　文章全体の構成や内容の大体を意識しながら音読すること。	ケ　文章を音読したり朗読したりすること。
	(2)	情報と情報との関係	ア　共通，相違，事柄の順序など情報と情報との関係について理解すること。	ア　考えとそれを支える理由や事例，全体と中心など情報と情報との関係について理解すること。	ア　原因と結果など情報と情報との関係について理解すること。
		情報の整理		イ　比較や分類の仕方，必要な語句などの書き留め方，引用の仕方や出典の示し方，辞書や事典の使い方を理解し使うこと。	イ　情報と情報との関係付けの仕方，図などによる語句と語句との関係の表し方を理解し使うこと。
	(3)	伝統的な言語文化	ア　昔話や神話・伝承などの読み聞かせを聞くなどして，我が国の伝統的な言語文化に親しむこと。 イ　長く親しまれている言葉遊びを通して，言葉の豊かさに気付くこと。	ア　易しい文語調の短歌や俳句を音読したり暗唱したりするなどして，言葉の響きやリズムに親しむこと。 イ　長い間使われてきたことわざや慣用句，故事成語などの意味を知り，使うこと。	ア　親しみやすい古文や漢文，近代以降の文語調の文章を音読するなどして，言葉の響きやリズムに親しむこと。 イ　古典について解説した文章を読んだり作品の内容の大体を知ったりすることを通して，昔の人のものの見方や感じ方を知ること。
言語活動例			ア　事物の仕組みを説明した文章などを読み，分かったことや考えたことを述べる活動。	ア　記録や報告などの文章を読み，文章の一部を引用して，分かったことや考えたことを説明したり，意見を述べたりする活動。	ア　説明や解説などの文章を比較するなどして読み，分かったことや考えたことを，話し合ったり文章にまとめたりする活動。
			イ　読み聞かせを聞いたり物語などを読んだりして，内容や感想などを伝え合ったり，演じたりする活動。	イ　詩や物語などを読み，内容を説明したり，考えたことなどを伝え合ったりする活動。	イ　詩や物語，伝記などを読み，内容を説明したり，自分の生き方などについて考えたことを伝え合ったりする活動。
			ウ　学校図書館などを利用し，図鑑や科学的なことについて書いた本などを読み，分かったことなどを説明する活動。	ウ　学校図書館などを利用し，事典や図鑑などから情報を得て，分かったことなどをまとめて説明する活動。	ウ　学校図書館などを利用し，複数の本や新聞などを活用して，調べたり考えたりしたことを報告する活動。

資料4　小学校国語科単元計画シート

小学校国語科単元計画シート

1　単元名（教材名，並行読書材等）

2　当該単元で指導する主な指導事項等

		主な指導事項等（記号）
〔知識及び技能〕		
〔思考力，判断力，表現力等〕	A話すこと・聞くこと	
	B書くこと	
	C読むこと	

3　言語活動とその特徴

(1)どのような言語活動か

(2)どのような特徴をもつ言語活動か

(3)指導目標とどう結び付くか

4　単元の指導目標

5　単元の指導計画の概要（　　時間扱い）

導　入	展　開	発　展
学習課題		

6　本時の指導計画の概要（　　／　　）

導　入	展　開	まとめ
学習課題		

資料5 小学校国語科単元計画シート（新学習指導要領版）

小学校国語科単元計画シート（新学習指導要領版）

1　**取り上げる教材**

（単元として指導する教材を書きましょう。1つの場合もあれば，複数の場合もあります。自作教材を活用する場合もあります。）

2　**主な指導事項等**

〔知識及び技能〕

〔思考力，判断力，表現力等〕

3　**言語活動**（どんな言語活動を位置付けるかを書きましょう。）

4　**単元名**

5　**単元の指導計画の概要**（　　時間扱い）

導　入	展　開	発　展

6　**本時の指導計画の概要**（　　／　　）

導　入	展　開	まとめ

Chapter 3

「質の高い言語活動」を位置付けた新学習指導要領・国語科の授業づくりガイド

12事例の見方・使い方　10のポイント

本章では学年・領域別の12事例をご紹介しています。１事例の構成は以下の通りです。

ポイント1　単元名

子供たちが取り組みたくなるような単元名を示しています。言語活動や付けたい力がイメージできるような単元名を，各執筆者が工夫して付けています。

ポイント2　単元の指導目標

新学習指導要領の指導事項等を基に書き表しています。（　）にはどの指導事項等に係る目標かが分かるように記号を示しています。

知・技⑴ア，ウ　→〔知識及び技能〕⑴ア及びウを基にした目標
書くこと　エ　→〔思考力，判断力，表現力等〕「Ｂ書くこと」エを基にした目標
学びに向かう力等 → 単元で養う国語科の「学びに向かう力，人間性等」に関わる目標

単元の評価規準

観点別に単元で評価する資質・能力を具体的に記述しています。観点の名称は，平成28年12月の中央教育審議会答申時点での例示によるものです。（　）には，どの指導事項等に対応するのかが分かるように記号を示しています。

ポイント3　単元について

子供の実態や指導のポイントなどを記載しています。子供の実態には，当該単元と同じ系統の前の単元（「話すこと・聞くこと」の事例なら，その前までの「話すこと・聞くこと」の学習）での実態や身に付いた力を中心に記載し，本単元で重点的に育成を目指す資質・能力を明らかにするようにしています。

また指導のポイントには，単元構想の特徴や指導のコツを解説しています。

1ページ目

第３学年の授業づくり　話すこと・聞くこと

1　スピーチを聞いて，質問したり，感想を言ったりしよう

ポイント1

【時間数】全５時間
【関連教材】よい聞き手になろう（光村図書３年上巻）

1　単元の指導目標

○言葉には，考えたことや思ったことを表す働きがあることに気付くととともに，様子や行動とそれを尋ねる言葉などに関わる語句の量を増し，話の中で使うことで語彙を豊かにすることができる。　（知・技⑴ア，オ）

○目的を意識して，日常生活の話題について集めた材料を分類するなどして伝え合うために必要な事柄を整理するとともに，必要なことを質問するなどして聞き，話し手が伝えたいことや自分が聞きたいことの中心をとらえ，自分の考えをもつことができる。　（話すこと・聞くこと　ア，エ）

○友達の話を自分の経験や考えと比べながら聞き，質問したり感想を述べたりしようとすることができる。　（学びに向かう力等）

ポイント2

2　単元の評価規準

知識・技能	思考力・判断力・表現力等	主体的に学習に取り組む態度
・言葉には，考えたことや思ったことを表す働きがあることに気付いている。（知・技⑴ア） ・様子や行動とそれを尋ねる言葉などに関わる語句の量を増し，話の中で使うことで語彙を豊かにしている。（知・技⑴オ）	「Ａ話すこと・聞くこと」 ・話し手が話した内容について質問することでよさや楽しさを引き出すことに向けて，聞きたいことを分類するなどして伝え合う際に必要な事柄を整理している。⑺ ・尋ねる言葉を多様に用いて質問するなどして，話し手が伝えたいことや自分が聞きたいことの中心をとらえ，自分の質問の仕方について工夫できたことを明確にしている。⑴	・友達の話を自分の経験や考えと比べながら聞き，質問したり感想を述べたりしようとしている。

40

2ページ目

ポイント3

3　単元について

言語活動　スピーチを聞いて，質問をしたり，感想を言ったりする。		
導入（第１次）	展開（第２次）	発展（第３次）
・「聞いてくれてありがとう」と思われる聞き手を目指し，授業計画を立てる。	・「聞き方上手のあいうえお」のよさを確認し，スピーチゲーム１「反応あり・なしゲーム」に取り組む。 ・話し手が「話してよかった」と思える感想の伝え方を確認し，スピーチゲーム２「感想ゲーム」に取り組む。	・話し手が「話してよかった」と思える質問の伝え方を確認し，スピーチゲーム３「話し手が○○になるゲーム」に取り組む。 ・今まで学習してきたことを生かして，「聞いてくれてありがとう」と思われる聞き手を目指す。

第１次では，子供自身がそれまでの自分の聞き方を振り返ったり，聞き方が上手な友達を見付けたりしていく。自分も友達のように聞き方が上手になりたいという気持ちを喚起させた上で，学習課題を設定する。第２次では，話し手に感想を述べるために，聞き手は，話している事柄の順序，話し手が一番伝えたいことは何か，自分だったらどうするかなどを考えながら聞くようにポイントを押さえる。第３次では，それまでに身に付けた聞くことの能力を活用させていく。

すべての学習時間の終末に振り返りの時間を位置付け，「聞いてくれてありがとう」と思わせてくれた友達を見付け，どのようなところがよ ワークシートに自分の考えをまとめる。また，自分が「聞いてくれて 手」にどのくらい近付いているかを自己評価し確認して，いつも目 る。

ポイント4

新学習指導要領対応ガイド

❶質問するための言葉に着目できるようにするための指導の工夫

本事例は，日常生活や各教科等の学習の基盤ともなる「質問する」ことを取り上げた実践となっています。子供たちが目的に応じて質問するためにはどのような言葉を用いればよいのかについて考えられるよう，「『聞いてくれてありがとう』と思われる聞き手になる」といった具体的な学習のめあてを工夫して設定しています。

❷中心をとらえて聞くことの２つの側面を重視する指導の工夫

「言語活動とその特徴」にも述べられているように，指導事項エに示す資質・能力である，中心をとらえて聞くことには大きく２つの側面があります。一つは聞き手が伝えたいことの中心をとらえて聞くこと。もう一つは，自分が聞きたいことの中心をとらえて聞くことです。本事例では，この両面を重視した指導を工夫しています。

Chapter3 「質の高い言語活動」を位置付けた新学習指導要領・国語科の授業づくりガイド　41

ポイント4 新指導要領対応ガイド

新学習指導要領を具体化した授業づくりを行うに当たっての，本事例の意義や特長を，編者の立場から解説しています。授業づくりの際の参考にしてください。

ポイント5 言語活動とその特徴

単元全体に位置付けた言語活動とその特徴を解説しています。言語活動は，単元の指導のねらいを実現するために位置付けるものです。指導のねらいが異なれば言語活動も変えなければなりません。そのため，言語活動の形だけを提示するのではなく，どのようなねらいを実現するためにどのような特徴をもった言語活動を位置付けているのかを図解するなどして具体的に解説しています。

ポイント6 単元の指導計画

言語活動のステップと単元の指導過程をイラスト付きで解説しています。せっかく言語活動を工夫しても，子供たちの学びの意識とは無関係に学習を進めようとするとうまくいきません。導入時には子供が言語活動を行う価値や必要性を意識できるような工夫が様々になされています。また展開部でも，単元全体に位置付けた言語活動を行っていくことを常に意識できるような工夫がなされています。単元全体が子供にとっての課題解決の過程となるようにしているのです。

3ページ目

ポイント5

4　言語活動とその特徴

本単元では，第３学年及び第４学年「話すこと・聞くこと」の指導事項「エ　必要なことを記録したり質問したりしながら聞き，話し手が伝えたいことや自分が聞きたいことの中心を捉え，自分の考えをもつこと」を重点的に指導する。そこで，「スピーチを聞いて，質問したり，感想を言ったりする」言語活動を位置付けた。

具体的には，「自分の好きなこと・得意なこと」について，４人グループを作り，スピーチをする。その上でお互いに質問をし合う。このことを通して，よい質問の仕方としてどのようなことが挙げられるか，よい質問を行うにはどのような点に気を付ければよいかを考える場面を位置付ける。聞くことに関する指導事項を重点的に指導するため，スピーチ原稿の作成やスピーチの練習については，既習の能力を踏まえて，家庭学習を生かすなどして時間をかけずに行わせることとする。そして，聞くことについて重点的に指導できるよう，繰り返し聞く場面を設定することとする。

指導事項である「中心を捉え」て聞くことができるようにするためには，話し手が一番伝えたいことは何なのか，また，自分が最も聞きたいことは何なのかを考えながら聞くことが必要である。

「質問したり」「自分の考えをも」ったりするためには，自分の経験と結び付けて感想を述べたり，他の人の質問からつなげて補う質問をしたりできるようにすることが大切である。

こうした言語活動を行うことには，よい聞き手の在り方について考え，互いに友達の話を聞き合い，質問をしたり感想を述べ合ったりする中で，自分の聞き方を振り返り，よりよい聞き手になろうとするよさに気付くことができるという利点がある。自分の思いのままに聞いたり話したりするのではなく，聞き手と話し手が互いを意識し，聞く目的や話す目的をもって言語活動に取り組むことができるため，３年生の話すこと・聞くことの学習に適していると考える。

なお，この活動は，学級の中で自分の思いや考えを安心して話せる環境をつくることにつながり，それは学級経営の基本ともなる。年度の比較的早い段階でこの単元を学習できるようにし，ここで学んだことを，各教科等の学習をはじめとして，学校生活全体の中でも生かせるようにすることが大切になる。

実際の指導に当たっては，聞き手が話し手を育てる雰囲気をつくり出す活動を心がけたい。「友達に真剣に聞いてもらえて自信が付いた」「友達からもらった質問で，自分の言いたいことがよりはっきりとした」といったことを実感できるようにしたい。

さらに，話に入れない友達に対しては，「〇〇さんはどう思う？」と声かけをする習慣を付けるなど，話す・聞く力が人と人との関わりの基本となることを押さえたい。

42

4ページ目

ポイント6

5　単元の指導計画（全６時間）

第１次

①学習の見通しをもつ。

スピーチを聞いて，質問したり，感想を言ったりしよう

・聞くことについての自分の経験を話し合い，単元の学習のめあてを設定する。
・学習計画の見通しをもつ。
・目指す聞き手のめあてを設定する。

第２次❶

②「聞き方上手のあいうえお」のよさを確認する。
・話し手にとって，聞き手が反応してくれることで，受け止めてもらえて安心できることを押さえる。
③よい聞き手とはどのような「かんがえごと」をするのか考える。
・話し手の一番言いたいことが聞き手に伝わっているか確かめるために，聞き手は言葉で伝えることが大切だと確認する。

第２次❷

④話し手が「話してよかった」と思える感想の伝え方を確認する。
・話し手にとって「話してよかった」と思える感想は，話の中心に触れた内容や，聞き手自身の立場と比較した内容が述べられているものなどであることを確認する。（本時）

第３次

⑤話し手が「話してよかった」と思える質問の仕方を確認する。
・話し手にとって，どのような質問をされるともっと話したくなるのか考える。
・聞き手としての自分の様子を振り返る。
⑥今まで学習してきたことを生かして「聞いてくれてありがとう」と思われる聞き手を目指す。
・単元全体を振り返り「聞いてくれてありがとう」と思われる聞き手にどれだけ近づいたか自己評価したり，単元を通して「聞いてくれてありがとう」と思った友達を見付けたりする。

Chapter3 「質の高い言語活動」を位置付けた新学習指導要領・国語科の授業づくりガイド　43

ポイント7 本時の ねらい ・展開	単元展開の中で，本時のねらいと学習指導をどう進めるかを書き表しています。 本時のねらいの末尾には，対応する指導事項等を（　　）内に記号で示しています。 本時の展開には，本時の学習指導の内容を，学習指導案の形式で記載しています。
ポイント8 本時の 板書例・ 実物資料	本時の学習指導に用いるワークシートやメモ，板書例等などの資料も具体的に掲載しています。

5ページ目

6　本時の学習（本時4／6時）

ポイント7

❶本時のねらい

友達の話を聞き，「なぜ」「どうして」「どのように」を意識しながら質問をすることができる。（話すこと・聞くこと　エ）

❷本時の展開

時間	学習活動	教師の働きかけ（○）と子供の意識の流れ（・）	指導上の留意点（・）と評価（◇）
5分	1．話し手が「話してよかった」と思える質問の仕方を確認する。	○前時の振り返りの中で，話し手の立場の気付きや感想を紹介する。 ・第1時の教師（T1・T2）のスピーチと質問のやり取りを振り返る。	・スピーチの中のキーワードに触れたり，「なぜ」「どうして」「どのように」などを使って話の内容を詳しく引き出したりすることができることを押さえる。
	スピーチを聞き，「なぜ」「どうして」「どのように」などを使って質問しよう。		
10分	2．スピーチゲーム3「話し手が○○になる質問ゲーム」のやり方を確認する。	○「○○」の中に入る言葉を考えましょう。 ・予想される子供の意見 「話し手が（笑顔）になる質問」 「話し手が（もっと話したい気持ち）になる質問」 「話し手が（質問されて嬉しくなる）質問」 ・話し手が○○になるために，質問をするときに聞き手が意識することを考える。	・話し手が安心して笑顔になる質問や，もっと話したくなる質問とは，どのような質問なのか押さえる。
20分	3．スピーチゲーム3「話し手が○○になる質問ゲーム」に取り組む。	○スピーチゲーム3に取り組みましょう。 ・スピーチ原稿「自分の好きなこと・得意なこと」を用いて，4人グループを作り，スピーチをする。 ①事前に練習してきたスピーチ原	・ゲームの途中でよい質問のやり取りをしているグループを抽出し，全体の見本として取り上げる。

44

6ページ目

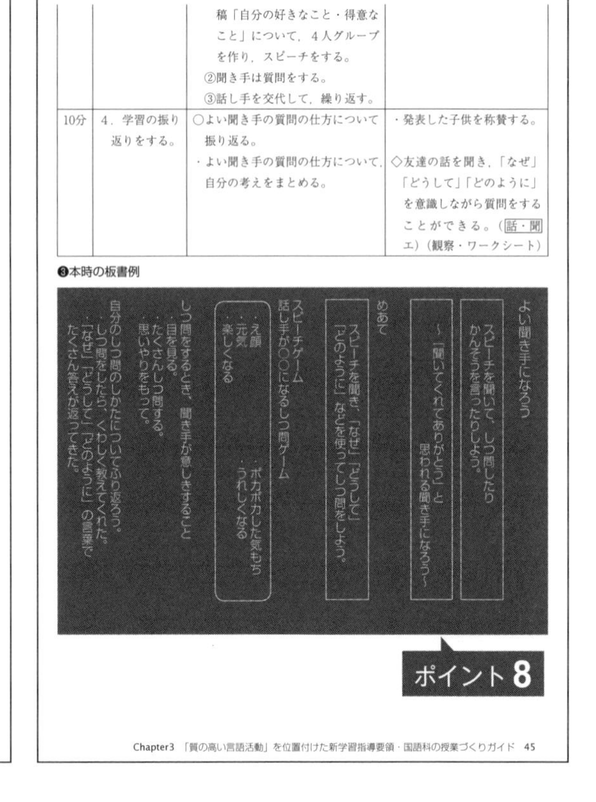

		稿「自分の好きなこと・得意なこと」について，4人グループを作り，スピーチをする。 ②聞き手は質問をする。 ③話し手を交代して，繰り返す。	
10分	4．学習の振り返りをする。	○よい聞き手の質問の仕方について振り返る。 ・よい聞き手の質問の仕方について，自分の考えをまとめる。	・発表した子供を称賛する。 ◇友達の話を聞き，「なぜ」「どうして」「どのように」を意識しながら質問をすることができる。（話・聞エ）（観察・ワークシート）

❸本時の板書例

ポイント8

Chapter3 「質の高い言語活動」を位置付けた新学習指導要領・国語科の授業づくりガイド　45

ポイント9
主体的・対話的で深い学びにつながる指導のポイント

具体的な声かけ，個に応じた手立て，掲示物の写真など，指導の工夫を豊富に提示しています。
学級の子供の実態等に応じた指導の工夫の参考にしてください。

ポイント10
主体的・対話的で深い学びにつながる評価のポイント

目標に準拠した評価を行う上で，どのような子供の学びの姿が見られればよいのかを例示したり，それらをどのように評価するのかを例示したりしています。
言語活動を通して表現される子供たちの資質・能力を的確に評価し，さらなる指導の改善に生かす際の参考にしてください。

7ページ目

ポイント9・10

7　主体的・対話的で深い学びにつながる指導と評価のポイント

❶指導のポイント

相手の考えを受け止めるための工夫

・支持的風土の確立

本単元を通して「『聞いてくれてありがとう』と思われる聞き手」を育てることを目指し，相手の考えを受け止めることに重点を置く。そのために聞き手は，

「話している事柄の順序」
「話し手が一番伝えたいことは何か」
「自分だったらどうするか」

などを考えながら聞くことを押さえながら指導する。

・話し合いのための環境づくり

日常の学習の中で，国語科に限らず話合いが充実するために次のような掲示物を作り，日々の指導に生かすようにした。それは，

「聞き方上手のあいうえお」
あ　相手の顔を見て聞く　　い　一生懸命聞く　　う　うなずきながら聞く
え　笑顔で聞く　　お　おしまいまで聞く
「かんがえごと」
「話し合い10の約束」

などであり，日頃の学習指導の中で意識付けをする。

自分の考えを表現するための工夫

・よりよいスピーチをするための手立て

本単元の話し手のスピーチは，「自分の好きなもの・得意なこと」をテーマに原稿を作成する。伝えたいことの内容を整理するために発表メモから構成し，「はじめ・中・終わり」の文のまとまりを意識しながら文章をまとめるよう指導する。スピーチの仕方については，本時までに原稿の音読や，スピーチ練習を行う。

互いに学び合う学習活動の工夫

・話型とハンドサイン

一斉指導の中で指名されたときに使う話型を日頃から活用している。「はい，○○です。どうですか」と答えると，

46

8ページ目

「同じです（パー）」
「つけたし（チョキ）」
「違う意見があります（グー）」
「質問があります（指を４本立てたパー）」
「納得（拳で掌をポンと叩く）」

とハンドサインを出しながら反応するように指導する。一人一人が発表できない状況でも，ハンドサインによって自分の意思を伝える手立てとして活用する。

・グループ編成

話合い活動を行うグループ編成は，教師側が意図的に行う。グループ構成は，話合い活動を充実するために，

「司会進行ができる子供」
「自分の考えを言葉にすることが不得手な子供」
「助言ができる子供」

をバランスよく組ませ，編成をする。

❷評価のポイント

子供の発言や行動の観察

・３つのスピーチゲーム「反応あり・なしゲーム」，「感想ゲーム」，「話し手が○○になる質問ゲーム」に取り組み，話し手の心が温まるような反応をしたり，質問や感想を述べたりすることができているか。
・言葉を使って，自分の思考や感情を表すことができているか。
・友達の話を聞き，自分の経験や考えと結び付けて感想を述べることができるか。
・友達の話を聞き，「なぜ」「どうして」「どのように」を意識しながら質問をしているか。

ワークシートの記述の確認

・「よい聞き手」になるための自分のめあてをまとめることができたか。
・話し手に，思いを伝えるための自分のめあてをまとめることができたか。
・聞き手から感想を伝えてもらったときの感想をまとめることができたか。
・自分が質問をしたときに，相手がどのような反応をしたか振り返ることができたか。
・自分のめあてを振り返り，「聞いてくれてありがとう」と思われる聞き手の姿を目指すことができたか。

（加々谷　絵里）

Chapter3 「質の高い言語活動」を位置付けた新学習指導要領・国語科の授業づくりガイド　47

スピーチを聞いて，質問したり，感想を言ったりしよう

【時間数】全５時間
【関連教材】よい聞き手になろう（光村図書３年上巻）

1　単元の指導目標

○言葉には，考えたことや思ったことを表す働きがあることに気付くとともに，様子や行動とそれを尋ねる言葉などに関わる語句の量を増し，話の中で使うことで語彙を豊かにすることができる。
（知・技(1)ア，オ）

○目的を意識して，日常生活の話題について集めた材料を分類するなどして伝え合うために必要な事柄を整理するとともに，必要なことを質問するなどして聞き，話し手が伝えたいことや自分が聞きたいことの中心をとらえ，自分の考えをもつことができる。
（話すこと・聞くこと　ア，エ）

○友達の話を自分の経験や考えと比べながら聞き，質問したり感想を述べたりしようとすることができる。
（学びに向かう力等）

2　単元の評価規準

知識・技能	思考力・判断力・表現力等	主体的に学習に取り組む態度
・言葉には，考えたことや思ったことを表す働きがあることに気付いている。（知・技(1)ア） ・様子や行動とそれを尋ねる言葉などに関わる語句の量を増し，話の中で使うことで語彙を豊かにしている。（知・技(1)オ）	「Ａ話すこと・聞くこと」 ・話し手が話した内容について質問することでよさや楽しさを引き出すことに向けて，聞きたいことを分類するなどして伝え合う際に必要な事柄を整理している。(ア) ・尋ねる言葉を多様に用いて質問するなどして，話し手が伝えたいことや自分が聞きたいことの中心をとらえ，自分の質問の仕方について工夫できたことを明確にしている。(エ)	・友達の話を自分の経験や考えと比べながら聞き，質問したり感想を述べたりしようとしている。

3 単元について

言語活動　スピーチを聞いて，質問をしたり，感想を言ったりする。		
導入（第１次）	展開（第２次）	発展（第３次）
・「聞いてくれてありがとう」と思われる聞き手を目指し，授業計画を立てる。	・「聞き方上手のあいうえお」のよさを確認し，スピーチゲーム１「反応あり・なしゲーム」に取り組む。 ・話し手が「話してよかった」と思える感想の伝え方を確認し，スピーチゲーム２「感想ゲーム」に取り組む。	・話し手が「話してよかった」と思える質問の伝え方を確認し，スピーチゲーム３「話し手が○○になるゲーム」に取り組む。 ・今まで学習してきたことを生かして，「聞いてくれてありがとう」と思われる聞き手を目指す。

第１次では，子供自身がそれまでの自分の聞き方を振り返ったり，聞き方が上手な友達を見付けたりしていく。自分も友達のように聞き方が上手になりたいという気持ちを喚起させた上で，学習課題を設定する。第２次では，話し手に感想を述べるために，聞き手は，話している事柄の順序，話し手が一番伝えたいことは何か，自分だったらどうするかなどを考えながら聞くようにポイントを押さえる。第３次では，それまでに身に付けた聞くことの能力を活用させていく。

すべての学習時間の終末に振り返りの時間を位置付け，「聞いてくれてありがとう」と思わせてくれた友達を見付け，どのようなところがよかったのかを振り返り，ワークシートに自分の考えをまとめる。また，自分が「聞いてくれてありがとうと思われる聞き手」にどのくらい近付いているかを自己評価し確認して，いつも目指すゴールの姿を意識させる。

新学習指導要領対応ガイド

❶質問するための言葉に着目できるようにするための指導の工夫

本事例は，日常生活や各教科等の学習の基盤ともなる「質問する」ことを取り上げた実践となっています。子供たちが目的に応じて質問するためにはどのような言葉を用いればよいのかについて考えられるよう，「『聞いてくれてありがとう』と思われる聞き手になる」といった具体的な学習のめあてを工夫して設定しています。

❷中心をとらえて聞くことの２つの側面を重視する指導の工夫

「言語活動とその特徴」にも述べられているように，指導事項エに示す資質・能力である，中心をとらえて聞くことには大きく２つの側面があります。一つは聞き手が伝えたいことの中心をとらえて聞くこと。もう一つは，自分が聞きたいことの中心をとらえて聞くことです。本事例では，この両面を重視した指導を工夫しています。

4　言語活動とその特徴

本単元では，第３学年及び第４学年「話すこと・聞くこと」の指導事項「エ　必要なことを記録したり質問したりしながら聞き，話し手が伝えたいことや自分が聞きたいことの中心を捉え，自分の考えをもつこと」を重点的に指導する。そこで，「スピーチを聞いて，質問したり，感想を言ったりする」言語活動を位置付けた。

具体的には，「自分の好きなこと・得意なこと」について，４人グループを作り，スピーチをする。その上でお互いに質問をし合う。このことを通して，よい質問の仕方としてどのようなことが挙げられるか，よい質問を行うにはどのような点に気を付ければよいかを考える場面を位置付ける。聞くことに関する指導事項を重点的に指導するため，スピーチ原稿の作成やスピーチの練習については，既習の能力を踏まえて，家庭学習を生かすなどして時間をかけずに行わせることとする。そして，聞くことについて重点的に指導できるよう，繰り返し聞く場面を設定することとする。

指導事項である「中心を捉え」て聞くことができるようにするためには，話し手が一番伝えたいことは何なのか，また，自分が最も聞きたいことは何なのかを考えながら聞くことが必要である。

「質問したり」「自分の考えをも」ったりするためには，自分の経験と結び付けて感想を述べたり，他の人の質問からつなげて補う質問をしたりできるようにすることが大切である。

こうした言語活動を行うことには，よい聞き手の在り方について考え，互いに友達の話を聞き合い，質問をしたり感想を述べ合ったりする中で，自分の聞き方を振り返り，よりよい聞き手になろうとするよさに気付くことができるという利点がある。自分の思いのままに聞いたり話したりするのではなく，聞き手と話し手が互いを意識し，聞く目的や話す目的をもって言語活動に取り組むことができるため，３年生の話すこと・聞くことの学習に適していると考える。

なお，この活動は，学級の中で自分の思いや考えを安心して話せる環境をつくることにつながり，それは学級経営の基本ともなる。年度の比較的早い段階でこの単元を学習できるようにし，ここで学んだことを，各教科等の学習をはじめとして，学校生活全体の中でも生かせるようにすることが大切になる。

実際の指導に当たっては，聞き手が話し手を育てる雰囲気をつくり出す活動を心がけたい。「友達に真剣に聞いてもらえて自信が付いた」「友達からもらった質問で，自分の言いたいことがよりはっきりとした」といったことを実感できるようにしたい。

さらに，話に入れない友達に対しては，「〇〇さんはどう思う？」と声かけをする習慣を付けるなど，話す・聞く力が人と人との関わりの基本となることを押さえたい。

5　単元の指導計画（全６時間）

第１次

①学習の見通しをもつ。

スピーチを聞いて，質問したり，感想を言ったりしよう

・聞くことについての自分の経験を話し合い，単元の学習のめあてを設定する。

・学習計画の見通しをもつ。

・目指す聞き手のめあてを設定する。

第２次❶

②「聞き方上手のあいうえお」のよさを確認する。

・話し手にとって，聞き手が反応してくれることで，受け止めてもらえて安心できることを押さえる。

③よい聞き手とはどのような「かんがえごと」をするのか考える。

・話し手の一番言いたいことが聞き手に伝わっているか確かめるために，聞き手は言葉で伝えることが大切だと確認する。

第２次❷

④話し手が「話してよかった」と思える感想の伝え方を確認する。

・話し手にとって「話してよかった」と思える感想は，話の中心に触れた内容や，聞き手自身の立場と比較した内容が述べられているものなどであることを確認する。（本時）

第３次

⑤話し手が「話してよかった」と思える質問の仕方を確認する。

・話し手にとって，どのような質問をされるともっと話したくなるのか考える。

・聞き手としての自分の様子を振り返る。

⑥今まで学習してきたことを生かして「聞いてくれてありがとう」と思われる聞き手を目指す。

・単元全体を振り返り「聞いてくれてありがとう」と思われる聞き手にどれだけ近づいたか自己評価したり，単元を通して「聞いてくれてありがとう」と思った友達を見付けたりする。

6　本時の学習（本時4／6時）

❶本時のねらい

友達の話を聞き，「なぜ」「どうして」「どのように」を意識しながら質問をすることができる。

（話すこと・聞くこと　エ）

❷本時の展開

時間	学習活動	教師の働きかけ（○）と子供の意識の流れ（・）	指導上の留意点（・）と評価（◇）
5分	1．話し手が「話してよかった」と思える質問の仕方を確認する。	○前時の振り返りの中で，話し手の立場の気付きや感想を紹介する。 ・第1時の教師（T1・T2）のスピーチと質問のやり取りを振り返る。	・スピーチの中のキーワードに触れたり，「なぜ」「どうして」「どのように」などを使って話の内容を詳しく引き出したりすることができることを押さえる。
	スピーチを聞き，「なぜ」「どうして」「どのように」などを使って質問しよう。		
10分	2．スピーチゲーム3「話し手が○○になる質問ゲーム」のやり方を確認する。	○「○○」の中に入る言葉を考えましょう。 ・予想される子供の意見 「話し手が（笑顔）になる質問」 「話し手が（もっと話したい気持ち）になる質問」 「話し手が（質問されて嬉しくなる）質問」 ・話し手が○○になるために，質問をするときに聞き手が意識することを考える。	・話し手が安心して笑顔になる質問や，もっと話したくなる質問とは，どのような質問なのか押さえる。
20分	3．スピーチゲーム3「話し手が○○になる質問ゲーム」に取り組む。	○スピーチゲーム3に取り組みましょう。 ・スピーチ原稿「自分の好きなこと・得意なこと」を用いて，4人グループを作り，スピーチをする。 ①事前に練習してきたスピーチ原	・ゲームの途中でよい質問のやり取りをしているグループを抽出し，全体の見本として取り上げる。

		稿「自分の好きなこと・得意なこと」について，４人グループを作り，スピーチをする。 ②聞き手は質問をする。 ③話し手を交代して，繰り返す。	
10分	４．学習の振り返りをする。	○よい聞き手の質問の仕方について振り返る。 ・よい聞き手の質問の仕方について，自分の考えをまとめる。	・発表した子供を称賛する。 ◇友達の話を聞き，「なぜ」「どうして」「どのように」を意識しながら質問をすることができる。（話・聞エ）（観察・ワークシート）

❸本時の板書例

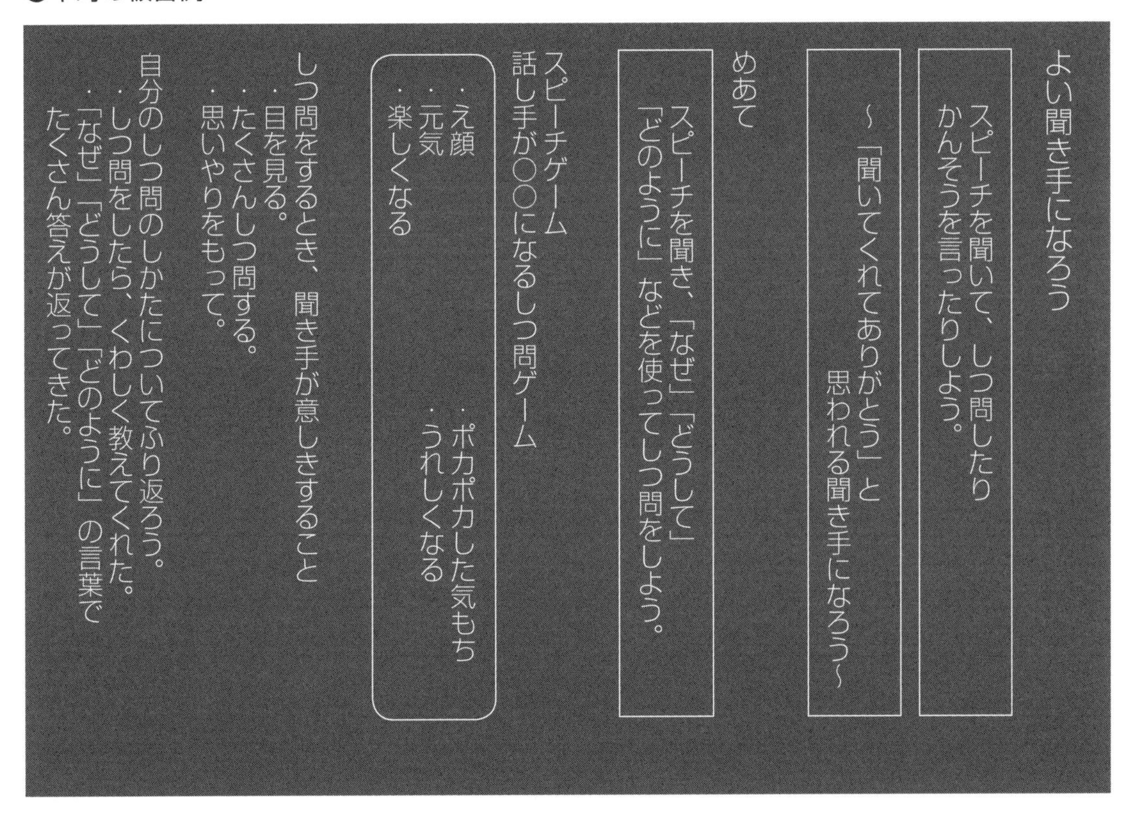

7　主体的・対話的で深い学びにつながる指導と評価のポイント

❶指導のポイント

相手の考えを受け止めるための工夫

・支持的風土の確立

本単元を通して「『聞いてくれてありがとう』と思われる聞き手」を育てることを目指し，相手の考えを受け止めることに重点を置く。そのために聞き手は，

> 「話している事柄の順序」
> 「話し手が一番伝えたいことは何か」
> 「自分だったらどうするか」

などを考えながら聞くことを押さえながら指導する。

・話し合いのための環境づくり

日常の学習の中で，国語科に限らず話合いが充実するために次のような掲示物を作り，日々の指導に生かすようにした。それは，

> 「聞き方上手のあいうえお」
> 　あ　相手の顔を見て聞く　　い　一生懸命聞く　　う　うなずきながら聞く
> 　え　笑顔で聞く　　お　おしまいまで聞く
> 「かんがえごと」
> 「話し合い10の約束」

などであり，日頃の学習指導の中で意識付けをする。

自分の考えを表現するための工夫

・よりよいスピーチをするための手立て

本単元の話し手のスピーチは，「自分の好きなもの・得意なこと」をテーマに原稿を作成する。伝えたいことの内容を整理するために発表メモから構成し，「はじめ・中・終わり」の文のまとまりを意識しながら文章をまとめるよう指導する。スピーチの仕方については，本時までに原稿の音読や，スピーチ練習を行う。

互いに学び合う学習活動の工夫

・話型とハンドサイン

一斉指導の中で指名されたときに使う話型を日頃から活用している。「はい，〇〇です。どうですか」と答えると，

「同じです（パー）」
「つけたし（チョキ）」
「違う意見があります（グー）」
「質問があります（指を４本立てたパー）」
「納得（拳で掌をポンと叩く）」

とハンドサインを出しながら反応するように指導する。一人一人が発表できない状況でも，ハンドサインによって自分の意思を伝える手立てとして活用する。

・グループ編成

話合い活動を行うグループ編成は，教師側が意図的に行う。グループ構成は，話合い活動を充実するために，

「司会進行ができる子供」
「自分の考えを言葉にすることが不得手な子供」
「助言ができる子供」

をバランスよく組ませ，編成をする。

❷評価のポイント

子供の発言や行動の観察

・３つのスピーチゲーム「反応あり・なしゲーム」，「感想ゲーム」，「話し手が○○になる質問ゲーム」に取り組み，話し手の心が温まるような反応をしたり，質問や感想を述べたりすることができているか。
・言葉を使って，自分の思考や感情を表すことができているか。
・友達の話を聞き，自分の経験や考えと結び付けて感想を述べることができるか。
・友達の話を聞き，「なぜ」「どうして」「どのように」を意識しながら質問をしているか。

ワークシートの記述の確認

・「よい聞き手」になるための自分のめあてをまとめることができたか。
・話し手に，思いを伝えるための自分のめあてをまとめることができたか。
・聞き手から感想を伝えてもらったときの感想をまとめることができたか。
・自分が質問をしたときに，相手がどのような反応をしたか振り返ることができたか。
・自分のめあてを振り返り，「聞いてくれてありがとう」と思われる聞き手の姿を目指すことができたか。

（加々谷　絵里）

気になる記号大調査～集めて調べて考えてパンフレットで報告しよう～

【時間数】全14時間・【教材名】気になる記号（光村図書３年上巻）

1　単元の指導目標

○改行の仕方を理解して文や文章の中で適切に使うとともに，句読点を適切に打つことができる。（知・技(1)ウ）

○比較や分類の仕方について理解し，使うことができる。（知・技(2)イ）

○目的を意識して，集めた材料を比較したり分類したりして伝えたいことを明確にし，内容のまとまりで段落をつくって文章の構成を考えるとともに，文章に対する感想や意見を伝え合い，自分の文章のよいところを見付けることができる。（書くこと　ア，イ，オ）

○身近な事柄から題材を探し，調べて考えをはっきりさせ，文章に書いて伝えようとすることができる。（学びに向かう力等）

2　単元の評価規準

知識・技能	思考力・判断力・表現力等	主体的に学習に取り組む態度
・改行の仕方を理解して文や文章の中で適切に使うとともに，句読点を適切に打っている。（知・技(1)ウ） ・比較や分類の仕方について理解し，材料を整理して伝えたいことをはっきりさせるために使っている。（知・技(2)イ）	「B書くこと」 ・調べたり考えたりしたことを調査報告文に書いて伝えるために，集めた材料を比較したり分類したりして伝えたいことを明確にしている。（ア） ・書く内容の中心を明確にするため，調べる目的や調べた内容，そこから分かったことなど，内容のまとまりで段落をつくって調査報告文の構成を考えている。（イ） ・調べて分かったことやそこから考えたことなどが明確になっているかについて感想や意見を伝え合い，自分の文章のよいところを見付けている。（オ）	・身近な事柄から題材を探し，調べて考えをはっきりさせ，調査報告文に書いて伝えようとしている。

3 単元について

❶子供について

子供はこれまでに，観察したことを記録する文章や，「はじめ」「中」「終わり」の簡単な文章構成を意識して，見付けたことや気付いたことを伝える文章を書く経験を積んでいる。調査報告文の構成などの特徴を学習するのは，本単元での学習が初めてとなる。

❷教材について

本単元で示されている構成の「調べたきっかけや理由」「調べ方」「調べて分かったこと」「感想」は，他教科等のレポート作成などに直接生きてくる事項である。また，日常生活の中で身近にあるが，日頃あまり意識しないで接している「記号」を題材としているため，材料を自ら集め，それについて詳しく考えるという活動が設定しやすい。

❸指導について

取材活動においては，グループで集める記号の種類を決めて材料集めをする。メモ作りでは，自分の選んだ記号について〈見て分かること〉〈考えたこと・気付いたこと〉〈調べて分かったこと〉を付箋で色分けして書き，マッピングする。調査報告文の構成については，教科書の例文を並び替える活動を通して理解させていく。本単元では，活動方法の共通理解を図るために，あえて教師作成のモデルの一部を未完成のままにし，学習を進めていく中で作り上げていくようにする。

※他教科等とのつながり

報告するために必要な事柄を調べ，調査報告文の構成に沿って文章を書く力を子供に身に付け，その力を総合的な学習「ふるさと発見〜地いきのしぜん調べ〜」での新聞作りにつなげていく。既習を掲示物に残し，それらを学習の『ひみつ道具』として位置付ける。

新学習指導要領対応ガイド

❶文章の種類や特徴を踏まえて書くための指導の工夫

中学年では，各教科等の学習で調べる学習などが取り入れられます。本単元で取り上げる調査報告文を書く言語活動は，そうした学習の基盤ともなる言語能力を育成することに直結します。調査報告文の特徴を意識して書けるようにするため，本事例では，①調べたきっかけや理由，②調べ方，③調べて分かったこと，④感想という構成を具体的に指導しています。こうした指導を積み重ねることで，高学年で「文章の種類とその特徴を理解」（知・技(1)カ）することの基礎が養われます。

❷考えたことをはっきりさせるための指導の工夫

調査報告文を書く際には，調べて分かったことや考えたことなどをはっきりさせることが大切です。本事例では，交流を生かして考えを一層明確にできるようにしています。

4　言語活動とその特徴

本単元における言語活動として，「自分の気になる記号について調べたことをクラスのみんなに報告文で知らせる」ことを位置付けた。まずは，身の回りの記号を集め，その中から自分の気になる記号について「何を伝えようとしているか」「そのためにどのような工夫がされているか」ということを考えて読み，分からないことについては本や図鑑などで調べる。そして，調べたことについて①調べたきっかけや理由，②調べ方，③調べて分かったこと，④感想という文章構成を用いて報告文を作成する。文章構成を意識して書きやすくするため，内容ごとに用紙を書き分け，それらを綴って小冊子の形にする。記述面では，横書きにするため，左から右に書き，読点（、）はコンマ（,）にし，数字は算用数字を用いる。また，自分で考えたことや調べて分かったこと等については，「〜と考えました」「〜と分かりました」というような文末表現を用いて，その区別を明確にしていく。従って，この言語活動は，「集めた材料を比較したり分類したりして，伝えたいことを明確にすること」（B書くこと　ア），「文章の構成を考えること」（B書くこと　イ）を実現するのに適切であると考える。また，グループ交流を通して互いによりよい調査報告文になるよう助言し合うことから，「感想や意見を伝え合い，自分の文章のよいところを見付けること」（B書くこと　オ）の実現にも結び付くと考える。

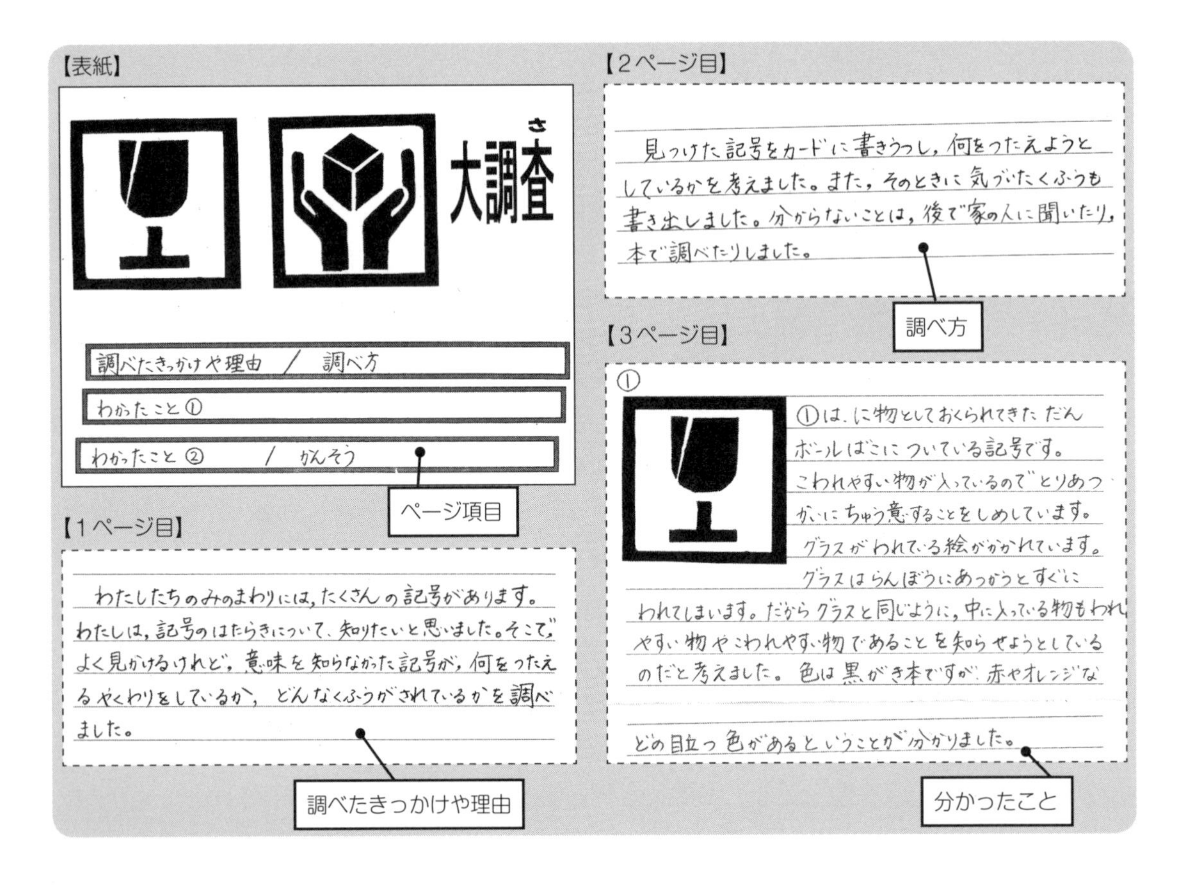

5　単元の指導計画（全14時間）

第1次

①教師が提示した記号を基に，身の回りにある記号，知っている記号について話し合い，調査報告文の書き方について学習するという見通しをもつ。

第2次❶

②身の回りにある記号を大まかに分類し，グループでどの種類の記号を集めるか決める。

③必要な材料を集めて取材カードに書き，記号を２つ選ぶ。

④教師が提示した記号について，特徴を出し合い，〈何を伝えようとしているか〉を考えて調べる方法を確認する。

選んだ２つの記号について同様の流れでメモに書く。

⑤教師が提示した記号の〈ひみつ〉について考えて調べ，その方法を確認する。（本時）

選んだ２つの記号について同様の手順で付箋に書く。

第2次❷

⑥バラバラになった教科書の例文を並び替え，報告文の構成について話し合い，パンフレットのページ項目を書く。

⑦選んだ記号について，調べたきっかけや理由，調べ方について下書きする。

調べて分かったことについて，文章の組み立てを考えて付箋を並び替える。

⑧教師の提示した記号のメモを基に，全体で文章に書き換える方法を考え，報告文によく使われる書き表し方や，符号の使い方について確認する。

⑨構成表を基に報告文の下書きをする。

⑩グループで下書きしたものを読み合い，助言し合う。

⑪下書きを完成させ，絵や写真の使い方を考える。

⑫下書きを清書し，絵や写真を加えて報告文を仕上げる。

第3次

⑬仕上がった文章を他のグループ同士で読み合い，意見や感想を交流する。

⑭活動を振り返り，学習したことをまとめる。

6　本時の学習（本時５／14時）

❶本時のねらい

選んだ記号について，伝えるために工夫されている点を考えて調べ，付箋に書くことができる。

（書くこと　ア）

❷本時の展開

時間	学習活動	指導上の留意点（・）と評価（◇）
３分	1．　課題を確認する。	・学習計画を想起させ，〈記号のひみつ〉について考えて調べることを確認する。
	ほうこく文を書くために，メモを作ろう。②	
10分	2．〈記号のひみつ〉について考えて調べる方法を理解する。	・本時のゴールの姿を意識させ，活動の流れを押さえる。 ・教師の提示した記号について，マッピング手法を用いて，特徴に対する解釈を全体で付け足していく。さらに，本で調べて分かったことを追加する方法を示す。 ・本での調べ方を簡単に押さえる。
25分	3．自分が選んだ２つの記号について〈記号のひみつ〉を考えて調べる。	・まずは，記号の特徴から見えてきた「考えたこと・気付いたこと（解釈)」をピンク色の付箋に書き，前時に作成したメモに付け足していくようにする。 ・活動が進まない子供には，個別に問いかけを行う。 ・困っている部分を解決するために，グループ間で互いの付箋を見合い，交流をする場を設ける。 ・本を使って調べる活動は後半に設け，グループで取り組ませる。調べて分かったことは，水色の付箋に書き，メモに付け

		足していく。
2分	4．本時のまとめをする。 見て分かること，自分の考えたこと，本で調べたことに分けてメモを書くことができた。	◇選んだ記号について，工夫されている点を考えて調べ，付箋に書くことができる。 （書ア）（メモ・付箋）
5分	5．学習を振り返る。	・書き出しを提示し，いずれかを選んで学習を振り返らせる。 はじめは～だったけど　（考えの変容） ～に目をつけると　（分かったこと） ～さんのおかげで　（交流のこと） 次の時間には～　（次時への意欲）

❸本時の板書例

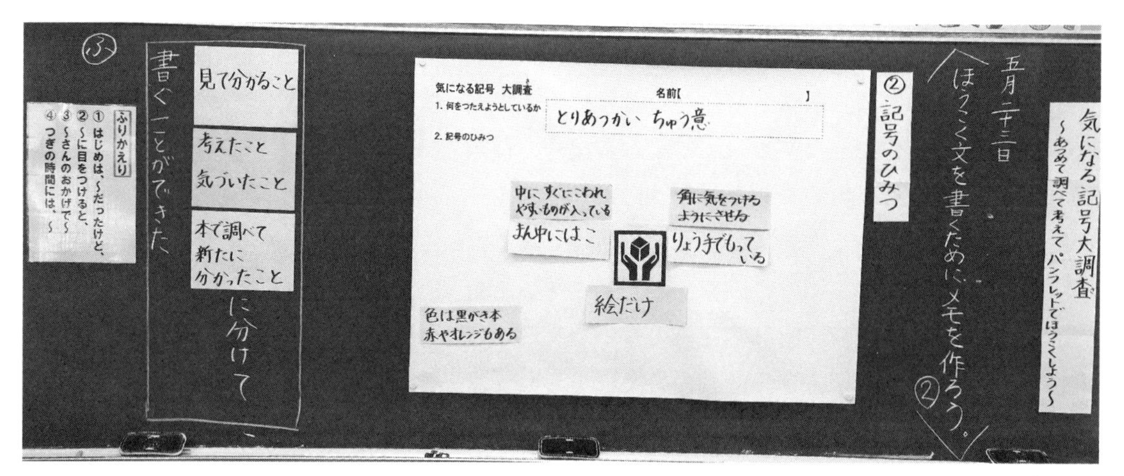

7 主体的・対話的で深い学びにつながる指導と評価のポイント

❶指導のポイント

付けたい力を明確にするために，学習計画を提示する段階で単元末の振り返りシートも並べて提示した。これにより，単元の終わりには，どんな力を付けていたいかということについて教師と子供で共有することができると考えた。単元末の自己評価の項目について，事前に自然な形で子供の目に触れるような形をとることで，ゴールを意識させた。

学習計画と単元の振り返り

調べるものを決めて、ざいりょうをあつめ、ほうこくする文を書こう。

気になる記号大調査
～集めて　しらべて　考えて　パンフレットでほうこくしよう～

みんなで	自分で
1 学習計画を立てる。	
2 気になる記号をあつめる。	
3	
4 ほうこく文を書くためにメモを作る。	
5	
6 わかりやすいほうこく文の書き方を見つける。	7 自分のほうこく文の組み立てを考える。
8 よく使われる書き表し方やふごうの使い方をかくにんする。	9 自分のほうこく文の下書きをする。
10. よりよいものにするために、グループで読み合い、アドバイスし合う。	11. 絵やしゃしんの使い方を考えながら、下書きをかんせいさせる。
	12. ほうこく文の清書をする。
13. ほうこく文をほかのグループと交流する。	
14. 学習したことをふり返る。	

たんげん名　気になる記号　大調査 ～集めて調べて考えてパンフレットでほうこくしよう～	
1. 記号をすすんであつめたり、調べたりすることができましたか？	
2. ほうこく文の書き方がわかり、それに合わせて自分のほうこく文を書くことができましたか？	
3. 友達とほうこく文を交流してアドバイスをし合うことができましたか？	
【学習のふりかえり】	

学習のおわりにふりかえろう！

取材活動においては，子供が気になる記号について効率よく取材ができるよう，グループで集める記号の種類を先に決めてから材料集めをした。これにより，グループで協力して取材活動を進めていくことが期待できると考えた。また，グループごとに調査する記号の種類を変えることで，最終の交流に向けて互いの書いた文章を読み合い，意見や感想を伝え合う活動の必要性をもたせることもねらった。

本を使った調べ方の例

本時は，自分の選んだ記号の特徴から見えてきた「考えたこと・気付いたこと（解釈）」について自力で考える時間を十分にとった後に，グループ交流の場を設けた。「分からない」「友達の考えを聞いてみたい」という行き詰まりを感じるような状況が，グループ交流の必然性につながった。同じものを検討できる環境とタイミングが，思考を深める交流を生み出すためには大切である。

さらに，本時は本を使った調べ方についての共通理解も図った。注目する箇所や，いろいろな本の見比べ方，さらには情報の抜き出し方（共通点と相違点）について確認をした。例示を手がかりに，子供は個々で調べたり，グループで協力して教え合ったりすることができた。

❷評価のポイント

報告文を書くためのメモ作りでは，自分の選んだ記号について，〈見て分かること〉〈考えたこと〉〈調べて分かったこと〉を付箋で色分けして書き，マッピングの手法を用いてそれぞれの付箋の関係性が見えるようにした。さらに，メモに書いた付箋を取捨選択しながら自分の報告文に書く内容を絞らせ，書く順序を考えさせた。

これにより，評価の際にも，子供の思考の跡が見られるメモと完成した報告文を並べて見ることで，集めた情報をどのように取捨選択したのかということや，適切な文末表現が使われているかということが的確に評価できるようにした。

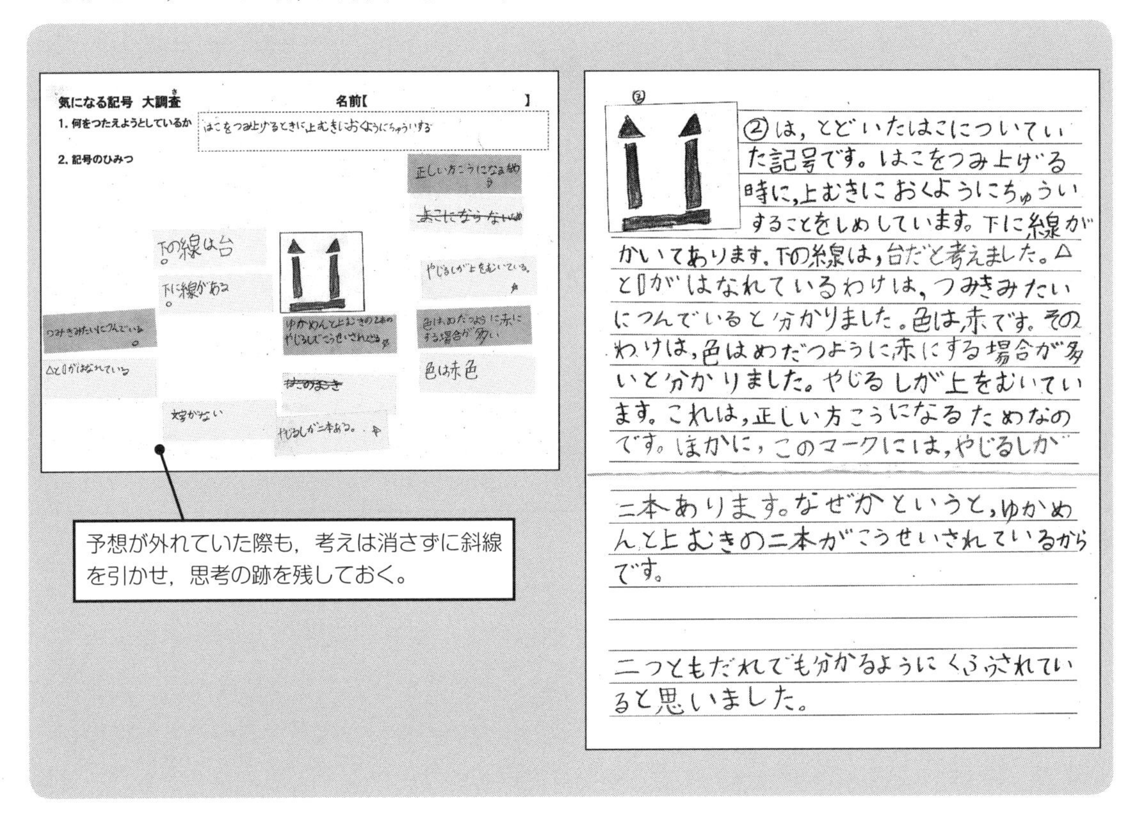

（糸崎　英梨子）

絵文字名人になって，もっと詳しい「絵文字説明書」を作ろう

【時間数】全８時間
【関連教材】くらしと絵文字（教育出版３年下巻）

1　単元の指導目標

○自分が興味をもった絵文字の説明書を書くことに向けて，必要な情報を見付け出すための中心となる語や文を見付けて読むことができる。（読むこと　ウ）

2　単元の評価規準

知識・技能	思考力・判断力・表現力等	主体的に学習に取り組む態度
・事典や図鑑の使い方を理解し，必要な情報を検索している（知・技(2)イ）	「C読むこと」 ・自分が興味をもった絵文字の説明書を書くことに向けて，必要な情報は何かをはっきりさせるとともに，その情報を見付け出すための中心となる語や文を見付けて読んでいる。（ウ）	・興味をもった絵文字について，その概略や特長を明らかにして読もうとしたり，そこから見付けた情報を生かそうとしたりしている。

3　単元について

❶子供について

子供は，１学期に説明文教材「めだか」を学習してきた。「不思議」を見付けるために，段落の中心となる語や文を見付け，要点を押さえながら読む学習を重ね，「生き物不思議カードを作る」という言語活動を行った。また，「はじめ・中・終わり」の文章構成や問いと答えの文を探す学習も行っている。さらに，知りたいことについて資料や図鑑で調べる方法についても学び，調べたことをリーフレットにまとめた。完成したリーフレットのよさや改善点を付箋に書き出し，友達と交流する学習も行っている。

❷教材について

第１次の導入部分では，絵文字によって必要な情報を手に入れることができた経験を想起させ，絵文字が身近に多く存在し，日常から生活の一部として利用していることに気付かせ，絵文字の果たす役割の大きさを感じ取らせたい。さらに，身近にある絵文字から色・形・文字等に特長のある絵文字を抜粋して絵文字クイズを行い，絵文字についての興味関心を膨らませたい。身近にある絵文字から読み取れる情報を多く出させ，非連続テキストの中に隠れている情報を見付け，発見する喜びを味わわせることで，教材文の読みへの意欲を高めていく。

そこで，教科書にある絵文字から読み取れる情報を書き加えることで『絵文字名人になって，もっとくわしい「絵文字説明書」をつくろう』という学習のゴールを設定する。また，子供から学習課題を引き出し，目的意識と相手意識を明確にする。子供が主体的に取り組める必然性のある課題を設定することで，非連続テキストから読むことのできる「事実」を空所に書き加えるために，教材文の文章構成，段落相互の関係や事実と意見の関係などを正しく読むことが必要となることを自覚しながら主体的な学習へとつなげていく。

第２次では，教科書の挿絵がどの段落に対応しているのかを絵と文を照らし合わせながら読み進める。そこで得た情報を生かし，文章全体を大きな３つのまとまりに分けていく。今回の学習では，空所を読む＝文章に書き表されていない事実を読むととらえ，非連続テキストから読み取った「事実」を書き加えるために，「くらしと絵文字」の事実と意見の関係を考えて文章を読んでいく。また「もっとくわしい絵文字説明書」を作成するために必要となる絵文字の３つの特長についてしっかりと押さえて，第３次へつなげていきたい。

第３次では，形・色・文字等の観点を与え，絵文字から読むことができる事実を表にまとめ，段落の構成をとらえながら書き加える活動を行う。段落の構成をとらえる手立てとしては，お気に入りの絵文字が書かれている段落を一文ごとに付箋紙に書き出し，文章構成と照らし合わせたり，並べ替えたりしながら，必要な情報を探していく。

新学習指導要領対応ガイド

❶中心となる語や文を的確にとらえるための指導の工夫

文章の内容の中心となる語や文はいつも最初から決まっているわけではなく，読む目的や情報の活用の仕方に応じて変わってきます。文章の各部分（例えば主張と根拠や事例）は，書き手から見ればすべて重要な情報であるため，何をもって中心となる語や文だとするのかを判断する上では，読み手の読む目的や情報の活用の仕方という要素がとても重要になるからです。本事例では，子供たちの思考や判断を促すために，子供たちの課題意識を高める，「もっと詳しい『絵文字説明書』をつくる」という言語活動を工夫して設定しています。

❷目的を意識して，必要な情報を見付け出すことができるようにするための指導の工夫

目的を意識して，必要な情報を的確に見付け出すためには，必要な情報は何か，それに対して不足している情報は何かを明らかにすることが大切です。本事例では，目的に照らして不足している情報が何かをしっかりと自覚して情報を見付けられるようにしています。

4 言語活動とその特徴

本単元では，「C読むこと」の言語活動例「ウ　学校図書館を利用し，事典や図鑑などから情報を得て，分かったことなどをまとめて説明する活動」に対応する言語活動として「もっとくわしい『くらしと絵文字』説明書」を作る活動を行うこととした。

非連続テキストから読むことのできる「事実」を文章に書き加えるためには，文章には何が書かれていないのかを注意深く読むことが必要となる。「空所を見付け書き加える」つまり，教材文と絵文字を比べ，書かれていない情報を見付けて書き加えることで『もっとくわしい「くらしと絵文字説明書」』を作ることになる。教科書の文章の空所を見付け，書き加えることで「くらしと絵文字」が進化していき，自分の『絵文字説明書』が出来上がる喜びを味わわせたい。

こうした活動を通して本単元でねらう「目的を意識して，中心となる語や文を見付けて要約すること」の実現にせまることができると考える。

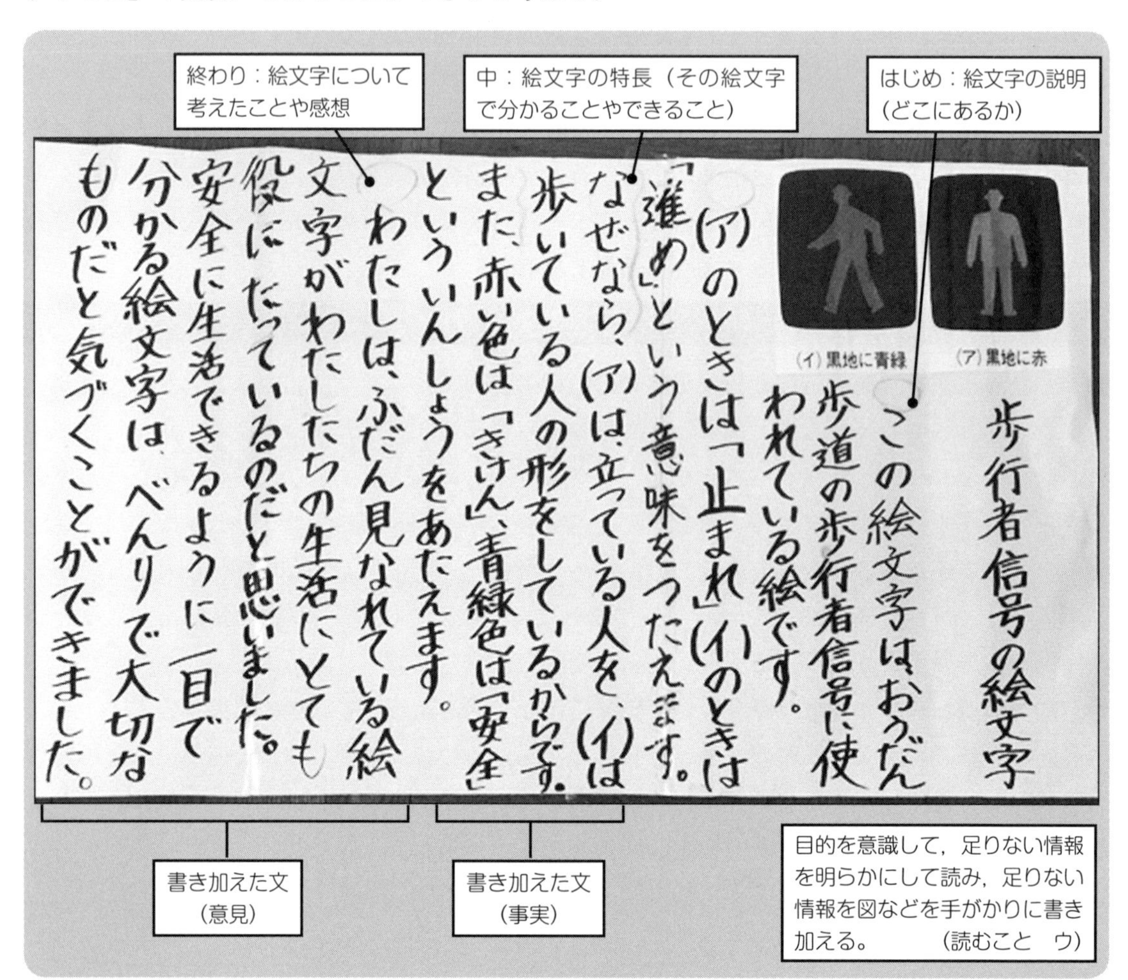

5　単元の指導計画（全8時間）

第1次

①学習の見通しをもつ。

身近にある絵文字を用いて絵文字クイズを行い，学習の意欲を高める。子供から学習課題を引き出し，目的意識と相手意識を明確にし主体的な学習へつなげ，学習のゴールを確認する。教室には，絵文字や記号について書かれた本を常備し，子供が自由に調べることができるようにする。

第2次

②③教材文を大きく3つのまとまりに分け，それぞれのまとまりの内容を読んで明らかにする。大きなまとまり（二）の3つの特長についてまとめる。

④教科書の絵文字とその絵文字について書かれた文章とを結び付け，「絵文字説明書」を書くために必要な情報を明らかにする。

⑤「くわしい絵文字説明書」のつくり方を考える。

〈くわしい絵文字説明書のつくり方〉

1．絵文字について書かれている文章を付箋紙に書き写す。

2．形，色，文字からそれぞれに関わる情報を見付ける。

3．形，色，文字など絵文字から読み取った情報を文に書き出す。

4．必要な情報を書き加え，より詳しい絵文字の説明書を作る。

第3次

⑥2年生に教えたいお気に入りの絵文字について，文章から得た情報を表にまとめ，教科書の文章と比較して足りない情報を確認する。（本時）

第2次の学習を生かして，お気に入りの絵文字説明書を作る。

⑦2年生に伝わるように「くわしい絵文字説明書」の見直しをする。

⑧2年生と絵文字交流会を行う。

6　本時の学習（本時6／8時）

❶本時のねらい

教科書の絵文字を説明する文章と比較して不足している情報を明らかにし，事実と意見の関係を考えながら必要な情報を見付けることができる。　（読むこと　ウ）

❷本時の展開

時間	学習活動	主な発問（○）と指示（△）	指導上の留意点（・）と評価（◇）
5分	1．本時の課題を確かめる。 前時までの学習を想起し，本時のめあてを確認する。 前時に自分で選んだお気に入りの絵文字について確認する。 本時のめあてを確認する。	△前時までに「くらしと絵文字」について事実と意見を考えながら読むことができましたね。 △今日は，この教材文のような情報を取り入れた絵文字説明書を作るために，お気に入りの絵文字について，まだ足りない情報は何かを考えましょう。	・事実と意見の区別ができるように既習事項を想起させる。 ・本時の流れを視覚的に提示する。（ホップ，ステップ，ジャンプ）
	お気に入りの絵文字の文章の足りないところを見つけて書き加えよう！		
3分	2．ホップ お気に入りの絵文字を説明している文章から事実と意見の関係を考える。	△お気に入りの絵文字について付箋紙に文章で書いてきましたね。 ○どれが事実でどれが感想かを考えて付箋紙を貼っていきましょう。	・付箋紙をワークシートに貼ることで，何を，どこに書き加えることができるか考えさせる。 ・付箋の貼り方から，子供の理解度を見取り，支援へつなげる。
7分	3．ステップ 絵文字から読み取れることをまとめる。	○形・色・文字に着目して絵文字の特長を読み取り，まとめましょう。	・グループで協力して話し合いや学び合いをしながら進めていく。

15分	4．ジャンプ 事実と意見，感想等を確認しながら必要な情報を書き加えていく。 5．説明書を発表する。	○教科書の文章の内容（絵文字の説明，特長，筆者の考え）と比べて，まだ足りない情報を書き加えて，もっと詳しい絵文字説明書に変身させましょう。	◇目的に応じて，中心となる語や文をとらえて段落相互の関係や事実（絵文字の説明，特長）と意見（筆者の考え）との関係を考え，文章を読んでいる。（読ウ） ・発表の仕方について掲示物で提示する。
5分	6．本時の学習を振り返る。 ・次時の予定	△今日の学習を振り返りましょう。 △次の時間は，2年生に伝わるように絵文字説明書の見直しをしましょう。	・めあてと対応して振り返る。 ・本時でできるようになったこと，次時がんばりたいことをまとめる。

❸本時の板書例

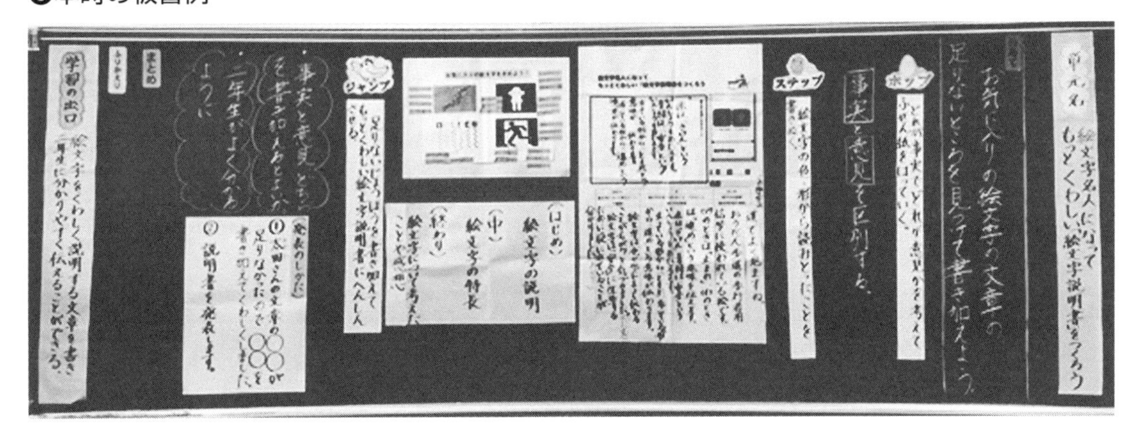

7　主体的・対話的で深い学びにつながる指導と評価のポイント

❶指導のポイント

ポイント1

家庭学習の日記を活用して，事実と意見が区別できるように日常的に指導していった。実際にあったことは「事実」，自分の思いや感想は「意見」というように子供に分かりやすく提示することで，教科書の文章の内容もとらえやすくなる。

ポイント2

絵文字について書かれている文章を一文ずつ付箋紙に書き写すことで，子供が自由に並べ替えをして文章を組み立てることができる。また，事実と意見の区別ができるように付箋の色分けをすることで，子供のつまずきを見取り，指導，助言をすることができる。

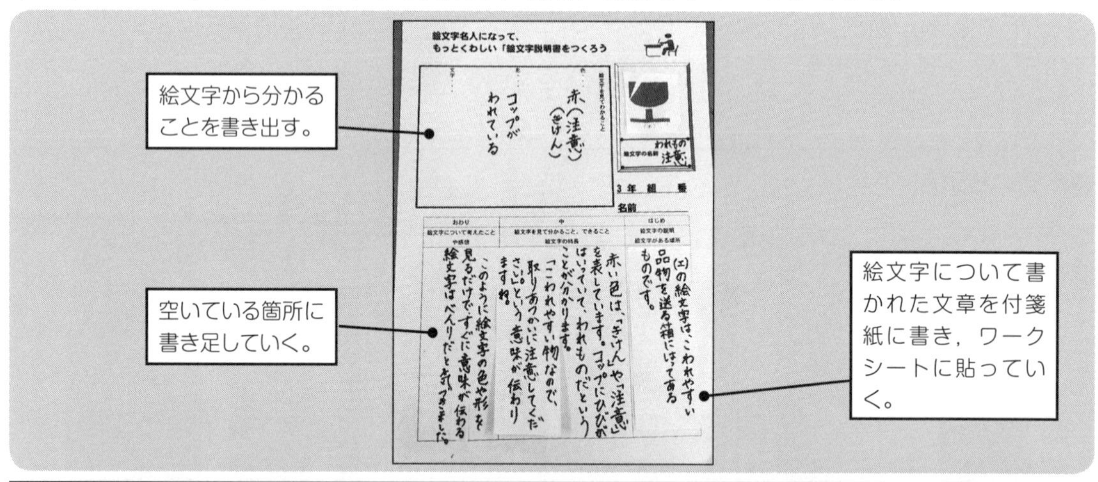

ポイント3

学習と並行して，生活の中から絵文字を見付ける活動を行った。見付けてきた絵文字は，「『絵文字名人』が見つけた絵文字コーナー」として教室に掲示し，興味関心をもたせることができる。

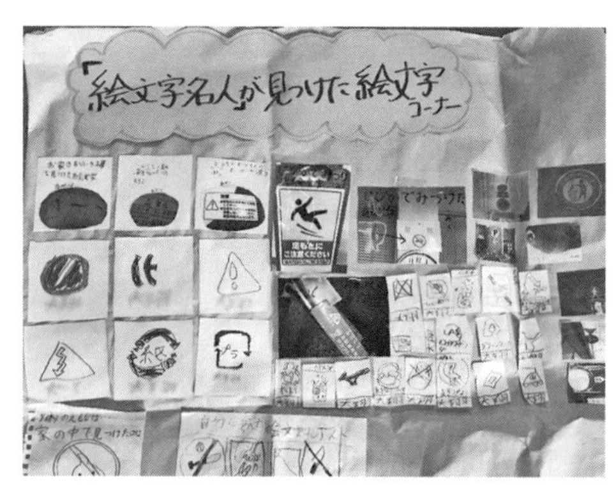

「絵文字名人」が見つけた絵文字コーナー

生活の中で見られる絵文字

❷評価のポイント

（子供のワークシートより）黄色い付箋紙には事実を書き，ピンク色の付箋紙には意見を書く。子供が，事実と意見を区別して情報を得ることができているか確認できる。

下の写真は，絵文字を説明する文章には，（はじめ）の事実のみであったので，より詳しく説明するために，絵文字から読み取ったことを基に（中）の文章を書き加えている。（終わり）には，子供が感じたことを筆者になりきって書き加えている子供の例である。（はじめ）（中）の文章の内容を踏まえて書き加えることができていることが分かる。本時でねらう，「絵文字説明書」を書くために必要な情報について，教科書の文章に立ち戻って段落相互の関係や事実と意見との関係に着目して確かめ，その情報を加筆している姿が具体的に示されたものとなっている。

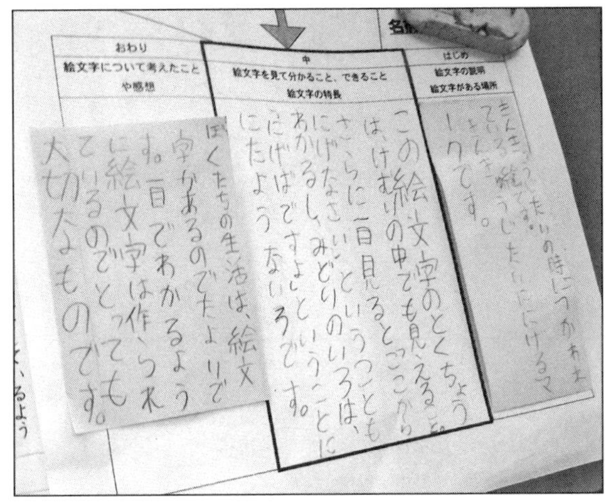

２年生との絵文字交流会を開き，絵文字のよさを伝えることで達成感を味わわせ，学習のまとめをする。２年生にとっては次年度の学習への意欲につながる。

（伊波　美希）

「へんしんまきもの」を作って食べ物のひみつを知らせよう

【時間数】全10時間・【教材名】すがたをかえる大豆（光村図書３年下巻）
【関連図書】食べ物に関する図書

1　単元の指導目標

○図鑑や事典を用いて調べることに親しみ，読書が必要な知識や情報を得ることに役立つことに気付くことができる。（知・技(3)オ）
○比較や分類の仕方，事典の使い方などを理解し，使うことができる。（知・技(2)イ）
○必要な情報を探したり活用したりするために，段落相互の関係を押さえて読んだり，中心となる語や文を見付けて要約したりすることができる。（読むこと　ア，ウ）
○身近な食べ物について解説した本や資料を活用して必要な情報を調べたり，その情報を生かして自分の考えなどを明確に書こうとしたりする。（学びに向かう力等）

2　単元の評価規準

知識・技能	思考力・判断力・表現力等	主体的に学習に取り組む態度
・図鑑や事典を用いて調べることに親しみ，読書が必要な知識や情報を得ることに役立つことに気付いている。（知・技(3)オ） ・比較や分類の仕方，事典の使い方などを理解し，情報を集めたり整理したりする際に使っている。（知・技(2)イ）	「C読むこと」 ・必要な情報を探したり活用したりすることに向けて，段落相互の関係を押さえて読んでいる。（ア） ・必要な情報を探すために，中心となる語や文を見付けて要約している。（ウ）	・身近な食べ物について解説した本や資料を活用して必要な情報を調べたり，その情報を生かして自分の考えなどを明確に書いたりしようとしている。

3　単元について

❶単元の設定

本単元は，小学校学習指導要領「Ｃ読むこと」領域の指導事項「ア　段落相互の関係に着目しながら，考えとそれを支える理由や事例との関係などについて，叙述を基に捉えること」及び「ウ　目的を意識して，中心となる語や文を見付けて要約すること」を主なねらいとしている。

本単元では，主教材として「すがたをかえる大豆」を取り扱う。本教材は，身近な大豆やその加工品について書かれた説明的文章である。食品を保存するために昔の人が考えた「工夫」のすばらしさについて説明するために，筆者は伝えたいことに合う事例の順番を考えており，子供にとって興味深く読み進められる内容である。その内容を分かりやすく伝えるために，写真を使うなどの工夫も見られる。本単元の学習をしていく中で，それらの工夫に気付き，自分が作る「へんしんまきもの」で活用することができると考える。さらに，関連図書として，いろいろな食品に関する本や図鑑を用意することで，大豆や大豆以外の食品の工夫について知識を深めたり，筆者の説明の工夫について理解を深めたりできると考える。

❷指導内容の系統

３年６月 まとまりを考えて読み，かんそうを話そう 「言葉で遊ぼう」 「こまを楽しむ」	〈本単元〉11月 「へんしんまきもの」を作って食べ物のひみつを知らせよう ～へんしん名人の食品をさがそう～ 「すがたをかえる大豆」	３年１月 考えの進め方をとらえて，科学読み物をしょうかいしよう 「ありの行列」

新学習指導要領対応ガイド

❶文章の構造と内容の把握の指導の工夫

本事例では，指導事項アをねらいの一つにしています。「こんなふうに段落がつながっているのだな！」などと，子供が自覚的に段落の相互関係に着目できるようにするために，無目的に段落ごとに読み取らせるのではなく，自分が文章を書いて説明することに向けて，説明の工夫（特に段落の配列の仕方の工夫）に目を向けられるようにしています。

❷図鑑や事典を活用して情報を得ることに親しむための指導の工夫

これからの高度情報化社会を生きる子供たちにとって，多様な情報を活用する能力は極めて重要です。中学年では，図鑑や事典を活用できる能力を育成します。本事例では情報を受け取るのみならず，「変身巻物」にまとめるという言語活動を位置付け，より能動的な情報活用能力を育成できるようにしています。

4　言語活動とその特徴

❶付けたい力と単元を通して位置付ける言語活動

本単元では，必要な情報を探すことに向けて段落相互がどう結び付いているのかに着目して内容をとらえたり，そこから必要な情報を探すために中心となる語や文を見付けて読んだりする力を付けることをねらう。単元を通して位置付ける言語活動としては，自分が選んだ身近にある食べ物のひみつについて本単元で学習する表現の工夫を生かしながら「へんしんまきもの」で紹介する活動を設定する。「へんしんまきもの」は「食品名」，「話題提示」，「食品の『くふう』の紹介」，「食品の写真・絵」，「相手に分かりやすく伝わるように表現の工夫をしたところ」で構成する。

❷言語活動がもつ特徴

子供が作る「へんしんまきもの」は，自分が選んだ身近にある食べ物のひみつについて，どのような表現を工夫したら相手にひみつを分かりやすく伝えられるかを考えながら書き表していくことを目指している。文章の組み立てや事例の順序，言葉の使い方や写真の使い方などの表現の工夫を基に，選んだ食材が同じでも異なっていても友達と交流することができる。また，自分にとって必要な情報を様々な本，図鑑や資料から収集する必要感が生まれ，読書の範囲を広げられる活動になっている。

❸単元の目標との結び付き

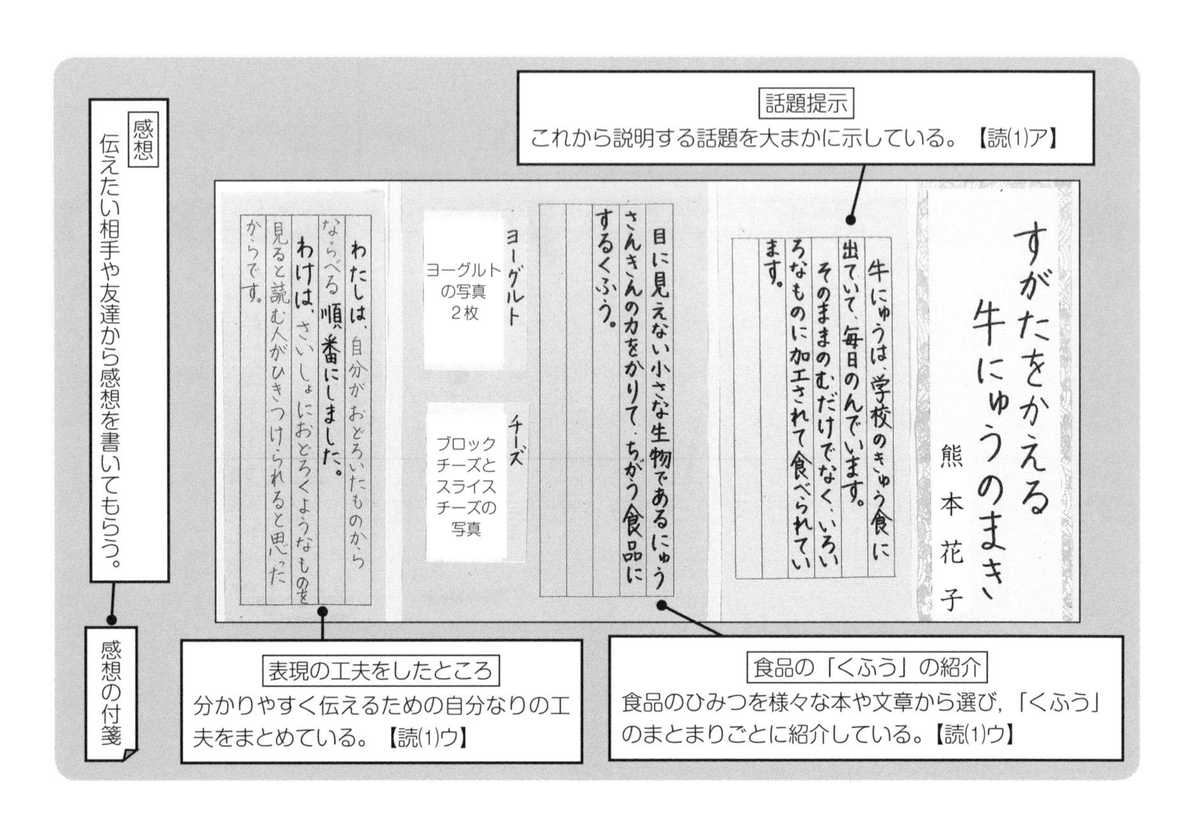

5　単元の指導計画（全10時間）

第1次

①教師が提示した「へんしんまきもの」のモデルを見て，学習の見通しをもつ。

②前回取り組んだときの計画を見ながら学習の流れをイメージし，学習計画を立てる。

③本の題名・種類・目次・索引・見出し等を手がかりにして，情報を見付けることを学習する。

第2次❶

④「へんしんまきもの」を作って知らせるために，「すがたをかえる大豆」を読んで文章全体がどんな組み立てになっているかを考える。

⑤「すがたをかえる大豆」を読んで出てくる食品を出し合い，加工の仕方に着目してどのような例が出されているのかをつかむ。

⑥「自分の調べたい食品」の情報を収集し，自分の文章に生かしやすいように整理する。

第2次❷

⑦「へんしんまきもの」を作って伝えるために，「分かりやすく伝えるための説明の工夫」について考え，自分の文章に生かす。（本時）

⑧「すがたをかえる大豆」で筆者が紹介している順番の工夫について考え，自分のまきものの順番を工夫する。

⑨「へんしんまきもの」を完成させる。

第3次

⑩「へんしんまきもの」を読み合い，何を伝えたくてどんな工夫をしているのかに着目して，感想を述べ合う。

6　本時の学習（本時７／10時）

❶本時のねらい

自分の「へんしんまきもの」の事例の順番を考えるために，「すがたをかえる大豆」に出てくる事例が紹介されている順番の工夫を理解することができる。　　　　（読むこと　ア）

❷本時の展開

時間	学習活動【学習形態】	主な発問と指示（○） 指導上の留意点（・）と評価（◇）	備考
つかむ ５分	１．前時までの学習を振り返る。 【一斉】	○大豆のことを分かりやすく伝えるための筆者の工夫にはどんなものがありましたか。	全文掲示 全文シート
	２．本時のめあてを確認する。 【一斉】		学習計画表
	筆者がしょうかいしているじゅん番のひみつについて考えて，自分のまきものにいかそう。		
分かる 20分	３．筆者が紹介している順番のひみつについて考える。		モデル
	⑴　教師が示した順番は，どんな順番なのか考える。 【一斉】	○先生が紹介する順番は，何の順番だと思いますか。 ・教師の示した順番は，好きなものを知らせる順番であることを確認する。	
	⑵　「すがたをかえる大豆」に出てくる事例の順番のひみつについて考える。 【小グループ↔一斉】	○「すがたをかえる大豆」で紹介されている順番には，どんなひみつがあるのかな。	全文掲示 全文シート 「学習のガイド」
	⑶　筆者が紹介している順番のひみつについてまとめる。 【小グループ↔一斉】	・筆者の伝えたいことは何なのかを投げかけ，伝えたいことが伝わる順番だということに気付かせる。 ・見た目の分かりやすさの順番だと子供が考えた場合には「納豆」の場所を示し，改めてて考えるきっかけにする。	

		・事例の順番には，筆者の工夫があり，伝えたいことによって紹介する順番が変わることに気付くようにする。 ◇読ア（発表・ツール） B：筆者の考えを効果的に伝えるための事例の並び方についての工夫を考えながら読み，事例の順番を考えている。 （Bに達しない子供への手立て） 各段落の最初の部分（つなぎ言葉）に気を付けると分かりやすいことを伝える。	
深める 15分	4．自分の「へんしんまきもの」について考える。 (1) 自分の「へんしんまきもの」で伝える順番を考える。 【個人】	○自分の伝えたいことに合わせて，まきもので紹介したい順番を考えてみましょう。 ・筆者や教師が紹介した順番の他にも，伝えたいことに合う順番でもよいことを伝える。	「へんしんまきもの」（ツール）
	(2) 自分で考えたまきものの順番を紹介し合う。 【小グループ↔一斉】	○「わたしは，…の順番にしました。わけは，…」のように自分の順番を紹介してみましょう。	
振り返る 5分	5．本時の学習を振り返る。 【一斉】	・次時は「へんしんまきもの」を完成させることを知らせ，本時を振り返る。	

❸本時の板書例

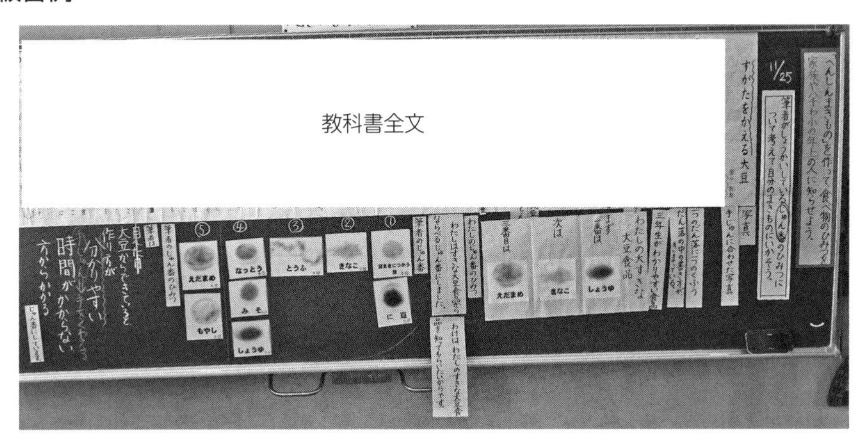

7　主体的・対話的で深い学びにつながる指導と評価のポイント

❶指導のポイント

○付けたい力を見極め，身に付けたい力を生かした内容成果物（ツール）で紹介する活動を設定し，「何を」「どのように」学習していくかを，子供たちと一緒に計画していく。子供たちと一緒に計画を作っていくときに，目的意識と相手意識を明確にさせる。ツールを見た相手からの反応が学習の評価としてそのまま返ってくることになり，「分かってもらえた」「学習したことが役立っている」といった満足感や有用感につながり，主体的な学びにつながる。

○文の内容を読むことが難しい子供には，キーワードを見付けて読んでいくように伝え，「食品の『くふう』の紹介」に必要な文を探すことができるようにする。「食品の『くふう』の紹介」に関する記述部分には青のサイドラインを引き，青い付箋に書く等，色を見ただけで関連が分かるようにして，スムーズに学習できるようにした。

青のカードを作成している様子

○自分のまきもの作りをしているときに迷ったら，友達のツールを参考にしたり，自分のまきもの作りが終わって時間が余ったときには，アドバイスをしたりしながら学習していった。

交流しながら学習している様子

○食品の挿絵の写真を一つずつ別々にすることで，順番を確認したり，子供の発言を実際に写真で表したりすることができた。特に本時は，「筆者がしょうかいしているじゅん番のひみつについて考えて，自分のまきものにいかそう」ということで，紹介されている順番について考える。

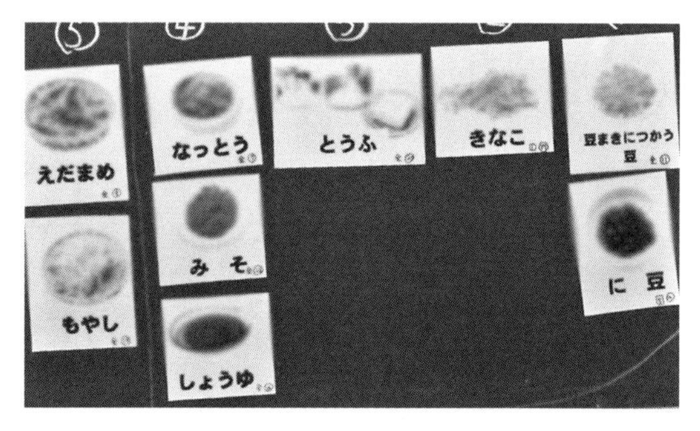

食品の写真は一枚一枚にしておく

○この場合には食品の写真を入れ替えることが特に有効であった。また，教材で学習した後，自分のまきもので紹介する順番を決めていく。どんなふうに伝えたいかを考え，一つ一つの青い紙を入れ替えながら紹介する順番を決めていくことができるようにした。

自分のまきもので紹介する順番を決めている

❷評価のポイント

単元の目標と言語活動ツールのそれぞれの部分が結び付いているので，子供の作品を見ることで評価に生かすことができた。

【授業後の感想】

・おうちの人から感想をもらったのがとてもうれしかった。

・「まきもの」を作っていろいろな食品の変身が分かって楽しかった。

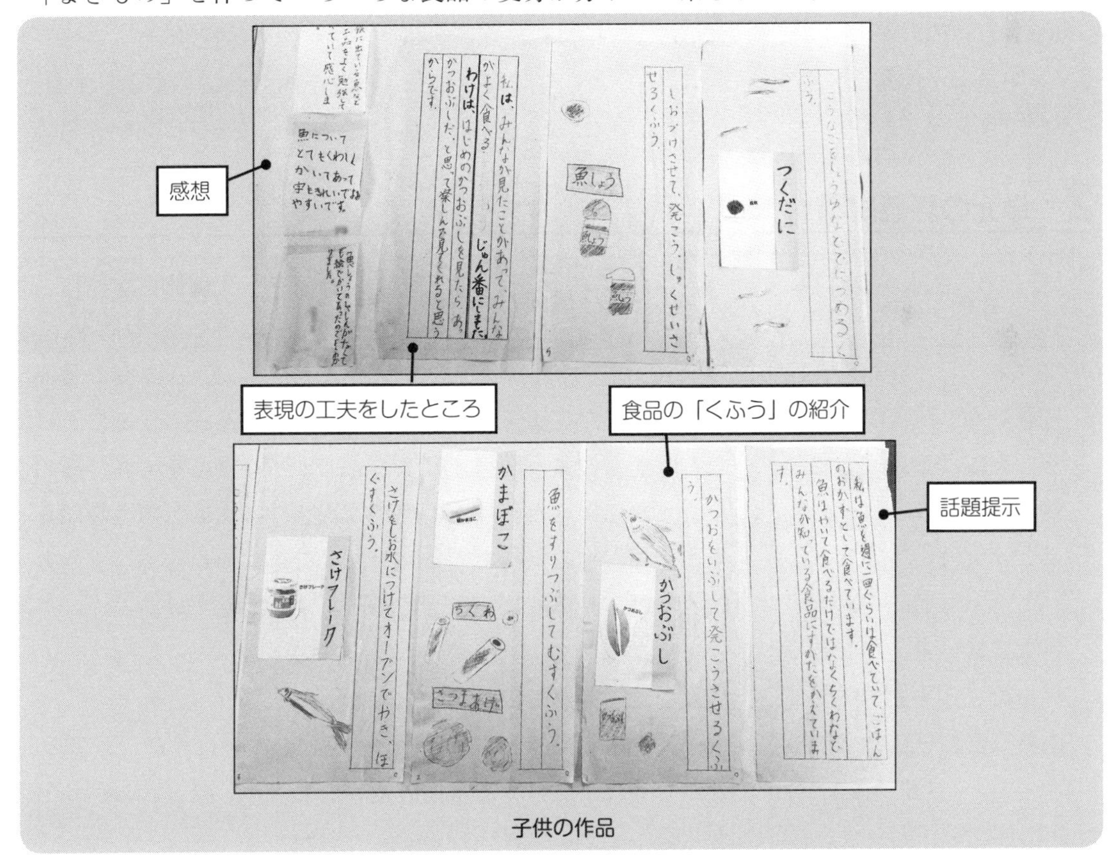

子供の作品

（平田　裕子）

あなたもきっと読みたくなる おすすめファンタジー！

【時間数】全８時間・【教材名】もうすぐ雨に（光村図書３年上巻）
【並行読書】つり橋わたれ（岩崎書店），海をかっとばせ（偕成社）

1　単元の指導目標

○ファンタジー作品に多様に親しみ，読書が自分の想像を広げる上で必要な情報を得ることに役立つことに気付くことができる。（知・技(3)オ）

○言葉には，考えたことや思ったことを表す働きがあることに気付くことができる。（知・技(1)ア）

○ファンタジー作品のおもしろさを明らかにするために，登場人物の気持ちの変化や性格などについて，場面の移り変わりと結び付けて読んだり，感じたことを共有し，一人一人の解釈や感じ方に違いがあることに気付いたりすることができる。（読むこと　エ，カ）

○ファンタジー作品を読書することに関心をもち，そのおもしろさを明らかにしようとすることができる。（学びに向かう力等）

2　単元の評価規準

知識・技能	思考力・判断力・表現力等	主体的に学習に取り組む態度
・ファンタジー作品に多様に親しみ，読書が自分の想像を広げる上で必要な情報を得ることに役立つことに気付いている。（知・技(3)オ） ・言葉には，考えたことや思ったことを表す働きがあることに気付いている。（知・技(1)ア）	「C読むこと」 ・自分が感じたファンタジー作品のおもしろさがどのような叙述によるものかを明らかにするために，不思議な出来事と登場人物の気持ちの変化などとを結び付けて具体的に想像している。（エ） ・作品を読んで感じたことを共有し，一人一人の解釈や感じ方に違いがあることや，それが着目する叙述の違いなどから来ることに気付いている。（カ）	・ファンタジー作品を読書することに関心をもち，そのおもしろさを明らかにして読もうとしている。

3 単元について

本教材は，主人公の「ぼく」が動物の会話が分かるという不思議な出来事に遭遇し，その出来事をきっかけに，人間の立場に偏っていた「ぼく」の考え方が，動物の立場からも考えるようになっていくような心の成長が描かれた物語である。

これまでに子供は，前単元において様子や状況・時間が異なる「場面」を初めて学習し，登場人物の行動に着目するとともに，場面の様子に注意して読む学習を行ってきた。本教材においても，始まり・不思議な出来事・出来事の後・終わりの構成が明確でとらえやすいことから，登場人物の心情と場面の移り変わりを結び付けて考えさせる学習活動を展開していく。

指導に当たっては，第１次で子供の初発の感想から疑問を引き出し，それを基に学習計画を立てる。そして，担任が作成したポスターを提示して単元全体の言語活動の見通しをもたせる。

第２次では，場面の移り変わりと登場人物の心情の変化を結び付けて考えさせる。そうすることで，不思議な出来事と登場人物との関係をとらえさせて，ファンタジーのおもしろさに迫っていけるようにする。具体的には，ポスターの項目を毎時間まとめていく学習活動を行う。取り上げる項目は「あらすじ」，登場人物と出来事を関係付けて考える「ふしぎな○○」，ファンタジーのおもしろさを意識した「おもしろさが伝わるところ」の３項目を扱い，仲間と交流しながらまとめていく。それと並行して，自分が選んだ物語についても，同じ項目の視点でまとめていく。

第３次では，紹介ポスターを作成して読み合い，感想を交流して仲間との感じ方の共通点や相違点から，国語科における見方・考え方を広げられるようにしていく。

新学習指導要領対応ガイド

❶ファンタジーを気持ちの変化に着目して読めるようにするための指導の工夫

中学年では場面ごとに気持ちをとらえるのではなく，複数場面の移り変わりや登場人物の気持ちの変化をとらえることがねらいとなります。本事例ではファンタジーの特徴を生かしつつこのねらいを確実に実現するために，不思議な出来事の前と後の叙述を関係付け，「不思議な出来事と登場人物の変容」を結び付けて読めるようにしています。

❷ねらいに合ったリーフレット型ツールの構造の工夫

紹介ポスターなどのツールを用いる場合，その構造がねらいの実現に直結するものとなる必要があります。本事例の紹介ポスターは，物語の不思議なおもしろさの理由を説明するために，「不思議な出来事と登場人物の変容」を結び付けて説明する構造になっています。

❸複数の叙述を結び付けて変化をとらえるための指導の工夫

本事例では，物語全体を見通せる全文掲示を活用しています（p.78写真参照）。これは複数場面の複数の叙述を結び付けて読むというねらいを実現しやすくするための指導の工夫です。

4　言語活動とその特徴

本単元においては言語活動として「ポスターで紹介する（「C 読むこと」言語活動例イ）」を位置付けて，ファンタジー作品を紹介する活動を行う。ポスターには３つの項目①「あらすじ」②「ふしぎの○○」③「おもしろさが伝わるところ」を位置付ける。この①～③の項目を段階的にまとめていく。まず「あらすじ」項目で場面の移り変わりをとらえる。次に「ふしぎな○○」項目で，場面の移り変わりの中で起こる不思議な出来事とそれによる登場人物の変容を結び付けてとらえる。そして，①②項目を踏まえて自分の好きな文を選び，自分なりのファンタジー作品のおもしろさに迫っていく。このような①～③項目を段階的にまとめていくことで，場面の移り変わりと登場人物の変容を関連付けて読み，それを踏まえたファンタジー作品の本質的なおもしろさに自らの感性も働かせて迫っていけるようにする。

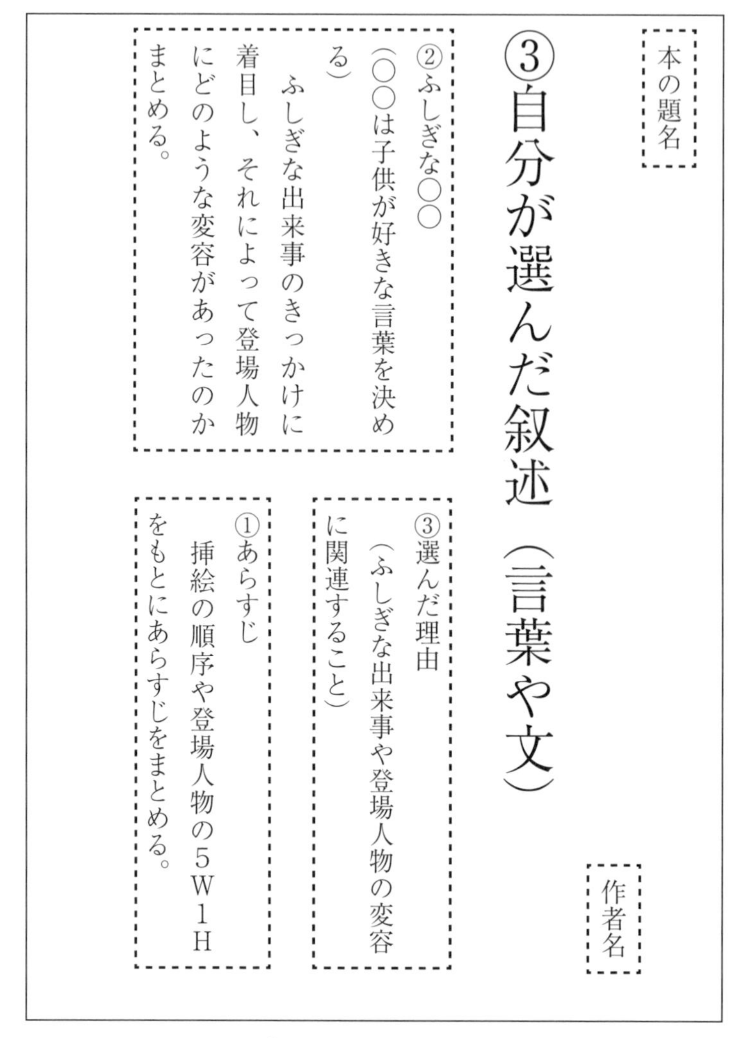

ポスターのレイアウト例

5　単元の指導計画（全８時間）

第１次 教師が作ったポスターから書かれた内容を確認して，言語活動に見通しをもつとともに，初発の感想や疑問を出し合い，分類・焦点化して学習計画を立てる。

①教師が作成したポスターを見せて項目や内容について気付いたことを出し合わせて，単元全体の見通しをもたせる。

②拡大した教材文に「おもしろいところ」「疑問に思ったところ」それぞれに別の付箋を貼らせて，おもしろさや疑問を交流させて，教材文における感想や疑問をまとめさせる。それを分類・焦点化して「みんなのふしぎ」として学習計画に反映する。

第２次❶ 教材文と自分が選んだ物語のあらすじをとらえる。

③教材文「もうすぐ雨に」について，焦点化した子供の疑問「どうして，動物と話ができるようになったのか」を取り上げ，ふしぎな出来事の始まりと終わりをとらえさせて，あらすじをまとめさせる。

④選んだ物語について，教材文「もうすぐ雨に」で前時に学んだことを活用させてあらすじをまとめさせる。

第２次❷ 教材文と自分が選んだ物語の不思議な出来事と登場人物の変容を関連付けてとらえて，まとめる。

⑤教材文「もうすぐ雨に」の不思議な出来事の前後に着目させ，焦点化した子供の疑問「どうしてトラノスケの言いたいことが『ぼくには，ようく，分かった』のか」を考えることを通して，登場人物の変容をまとめさせる。さらにこれまでの学習を踏まえ，再度おもしろさが伝わる叙述を選ばせて，選んだ理由も記入させ，「もうすぐ雨に」のポスターを完成させる。　（本時）

⑥教材文「もうすぐ雨に」と同様に選んだ物語の登場人物の変容とおもしろさが伝わる叙述をまとめる。

第３次 自分が選んだ物語のポスターを作成し，感想を交流する。

⑦「もうすぐ雨に」のポスターを読み合い，書き方や感じ方のよさを共有する。

⑧選んだ物語のポスターを作成し，互いに読み合って付箋紙を用いて感想を交流し，学校図書館に掲示する。

6　本時の学習（本時5／8時）

❶本時のねらい

動物たちと話せることによる「ぼく」の気持ちの変容を，会話や行動の叙述を結び付けて具体的に想像しながら読むことができる。（読むこと　エ）

❷本時の展開

時間	学習活動	主な発問（◎）と子供の反応（○）	指導上の留意点（・）と評価（◇）
つかむ 5分	1．学習計画表から本時の学習課題を確認する。	◎今日みんなで考える不思議は，どのようなことですか。 ○どうして「ぼく」はトラノスケが言いたいことが「ようく，分かった」のか。	・学習計画を立てた後に学習計画表を教室に掲示して，自分たちの課題であることを意識させる。
	ポスターに生かすために，みんなの疑問をもとに不思議なところとそのわけをはっきりさせよう。		
さぐる 20分	2．本時の課題を明確にして，解決に見通しをもつ。	◎物語を通して変わったのは誰ですか。何が変わりましたか。（子供が既に見通せていれば行わない。） ○ぼくです。動物と話せた。 ○ぼくです。動物と話せなくなった。 ○ぼくの心が変わった。	・ストーリーの中で最も変容があったのは誰かを明確にして本時の学習では，登場人物「ぼく」の変容を追いかけることを意識させる。
	3．言語活動と本時に扱う問いの関連を確認する。	◎今日の不思議はポスターのどこに使えそうですか。 ○あらすじに付け足しができそう。 ○動物と話したことが関係あるから「ふしぎな○○」にかけそう。 ○もっとおもしろいところが見付かるかもしれないから「おもしろさが伝わる言葉」に使えそう。	・基本的にはポスターのどこに生かしてもよいものとするが，各項目に記述する内容については，必要に応じて確認する。
	4．自分の考えをもち，仲間と交流する。	◎今の自分の考えを伝えましょう。迷っている人は，迷っていることを伝えてもかまいません。 ○はじめは動物たちの気持ちが分かってなかったけど，いろいろな動物と	・まだ，自分なりの考えがまとまらない子供も仲間の意見を参考にしたり，自分が迷っていることを相談したりできるように

	5．交流で得られた視点を生かし，自分の意見を再構築してポスターに書き込む。	話しているうちに少しだけど動物の気持ちも分かるようになった。 ○はじめはただ話しているけど，後から「じっけん，じっけん。」と進んで動物のことを知ろうとしているから，動物の気持ちが分かってきた。 ◎自分の意見をまとめてポスターに書き込みましょう。	配慮する。 ・仲間の考えを聞いて自分の考えを変えたり，付け足したりしてもよいことを伝え，思考の深化を促すようにする。 ◇不思議な出来事と「ぼく」の変容を関連付けて読んでいる。　（読エ）
深める 15分	6．ファンタジー作品のおもしろさが伝わる叙述の文や言葉を選び，選んだ理由を伝え合う。 7．単元の最初に選んだところと変わっている仲間の考えを聞いて，自分たちの読みの深まりを確認する。	◎「もうすぐ雨に」のおもしろさがよく伝わると思うところを選んでポスターに書きましょう。そばに選んだ理由も書きましょう。 ○「トラノスケがなんて言いたいのか，ぼくには，ようく，分かったよ。」にしました。なぜなら，ぼくが動物の気持ちが分かるようになったことがよく分かるからです。 ○「動物の言葉が，分かればいいのになあ。」にしました。なぜなら，ぼくのこの気持ちが不思議の入り口になっていると思ったからです。 ○「口をそろえて言っていることだけは，ちゃんと聞きとれたよ。『もうすぐ雨に』ってね。」にしました。理由は，ぼくがだんだん動物の気持ちが分かってきていることが伝わるからです。	・単元の導入において選んだところと違うところを選んでもかまわないことを伝え，選んだところが変わった子供の作品を取り上げて説明させ，読みの深まりを実感させたり，共有させたりできるようにする。
振り返る 5分	8．本時で分かったことや考えたことをとらえ直してワークシートに記入する。	◎振り返りシートを書きましょう。 ○出来事の前と後では主人公の気持ちは変わっている。 ○～さんの～という意見で～が分かる。 ○他の物語のおもしろさも見付けられそう。	・「分かったこと」「参考になった意見や言葉」「今日学んだことの活用場面（他教科・領域，日常等）」の視点で振り返らせる。

7 主体的・対話的で深い学びにつながる指導と評価のポイント

❶指導のポイント

子供の疑問を分類・共有して焦点化

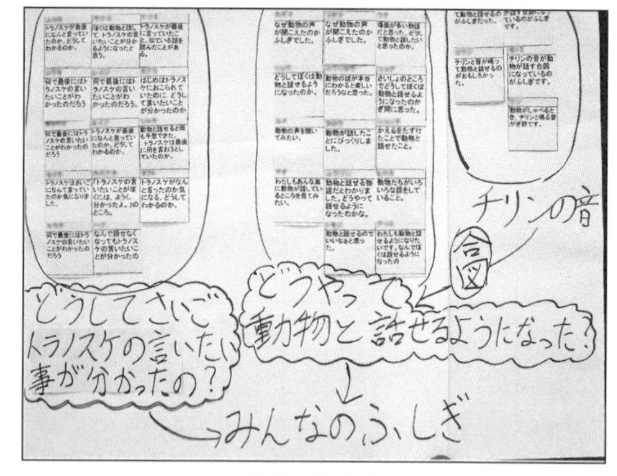

疑問の焦点化

教材文の一読後の感想から子供の疑問を取り上げ，カード化して全体で読み上げて，共有しながら分類していく。そうすることにより，仲間の疑問を聞いて共感したり，仲間の疑問に対しても自分なりの解釈をもったりして仲間の疑問を自分ごとに引き寄せて取り組むことができると考える。さらに分類して焦点化して，「みんなの課題」として単元の指導計画に反映することで，自分たちの問いを解決するために読み進める意識が高められ，主体的な学びが実現されると考える。ただし単元が進む中で，子供の読みが深まるにつれてその疑問も変化していくことが考えられる。そのような深化にも対応し，子供が「自ら取り組んでいる」という実感を損なわないような工夫が重要であると考える。

対話に必然が生まれる場の設定

単元全体を通して，疑問・解釈・感想等を伝え合ったり，共有したりできるように，適切に交流の場を設定していく。交流の場の設定において，いかに子供が進んで「仲間と関わりたい」，「話を聞きたい」，または「叙述を読み返したい」という場面を仕組むことが重要になると考える。

付箋に疑問を書き込む様子

例えば，本単元においては一読後の感想をまとめさせる前に，教材文の拡大コピーに「おもしろいところ」には記名したシールを貼らせ，「疑問をもったところ」に疑問を書いた付箋を貼らせた。このようにすることで，誰がどこのおもしろさをとらえているか，どこに疑問を感じているか，本文を媒体に可視化される。それを見て子供は，自分が疑問を感じたところで，またはその近くでおもしろさをとらえている子供に話を聞きたいと動き出した。また疑問を投げかけられた子供も叙述を指さしながら説明をしていた。このように，子供が対話したくなるような場面設定を工夫することで，対話的な学びを充実させることができると考える。

本文を使って説明する様子

振り返りの充実

子供が深い学びを実現するためには，主体的に学びに向かう態度や様々な見方・考え方との関わりから新たに得た知識や学び方のよさを，自らの思考をたどったり，とらえ直したりして振り返ることが重要である。それによって自らの学びを実感することで新たな学びへの見通しをもつことにつながっていくと考えている。そのためには，子供の実態に応じた「振り返らせ方」を工夫する必要がある。本単元においては子供に「分かったこと」「ためになった仲間の考えや文章」「今日の学習か使えそうな場面（他教科・領域や実生活を含む）」の視点を与えて振り返りを行ってきた。子供の実態に応じて，適切に振り返らせることにより，子供に自らの学びを自覚させることができると考える。

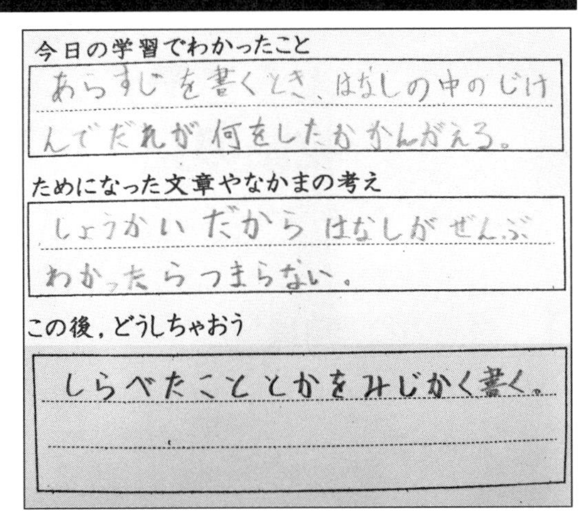

子供の振り返り

❷評価のポイント

毎時間，言語活動ツールであるポスターの記述を評価していく。視点は以下の通りである。項目ごとに書くべき内容が明確なので子供の理解も明確に表れる。そのため，支援が必要なところもポスターの内容に表れる。

子供の作品例

（髙良　真二）

【引用・参考文献】
文部科学省「中央教育審議会答申『幼稚園，小学校，中学校，高等学校及び特別支援学校の学習指導要領等の改善及び必要な方策等について』全文」pp.64-65，東洋館出版，平成29年

ようこそ斎藤隆介ワールドへ！物語の見どころを紹介します！

【時間数】全９時間・【教材名】モチモチの木（教育出版３年下巻）
【補助教材】ソメコとオニ，花さき山，火の鳥，半日村，ふき（岩崎書店）

1　単元の指導目標

○登場人物の性格や見どころの理由を表現するための語句を増し，話や文章の中で使うとともに，語彙を豊かにすることができる。（知・技(1)オ）
○同一作家の作品を多読することで読書に親しみ，読書のよさや効用に気付くことができる。（知・技(3)オ）
○物語の見どころを紹介するために，登場人物の性格や気持ちの変化について，場面の移り変わりと結び付けて想像したり，読んで感じたことや考えたことを共有し，一人一人の感じ方や解釈に違いが出てくることに気付いたりすることができる。（読むこと　エ，カ）
○物語の見どころを紹介するために，おもしろさを味わいながら本を繰り返し読もうとすることができる。（学びに向かう力等）

2　単元の評価規準

知識・技能	思考力・判断力・表現力等	主体的に学習に取り組む態度
・登場人物の性格や作品の見どころの理由を表現するための語句を増し，紹介する際に使うことで語彙を豊かにしている。（知・技(1)オ） ・同一作家の作品を多読することで，作家が描く作品世界に触れて自分の興味が広がるなど，読書のよさや効用に気付いている。（知・技(3)オ）	「C読むこと」 ・物語の見どころを紹介するために，印象深い登場人物の性格や気持ちの変化について，場面の移り変わりと結び付けて想像している。（エ） ・読んで感じたことや考えたことを共有し，着目する叙述が異なることによって，一人一人の感じ方や解釈に違いが出てくることに気付いている。（カ）	・物語の見どころを紹介するために，おもしろさを味わいながら本を繰り返し読もうとしている。

3 単元について

❶子供について

これまで，文学的な文章を「読むこと」の学習で，子供は登場人物の気持ちの変化について，場面の移り変わりをとらえて読むことができるようになってきた。また，性格をとらえる学習では会話や行動・様子を表す叙述に着目し，登場人物の性格を探りながら読むことができるようになっている。

そこで，本単元では，叙述を基に，それぞれの登場人物の性格や境遇，状況を把握し，場面や情景の移り変わりとともに変化する気持ちについて，地の文や行動，会話などから関連的にとらえて読むことに重点を置いて指導を行うこととする。

❷単元構想及び教材について

本単元では「モチモチの木」に加えて，同一作者：斎藤隆介作品の並行読書を位置付ける。子供が「モチモチの木」で習得した力を使って読み，作品を比べたり，重ねたりしながら，心が動いた一冊を選び，リーフレットにまとめて紹介する。一人一人の思いを生かした主体的な読みへとつなげたい。

取り上げた「ソメコとオニ」「花さき山」「火の鳥」「半日村」「ふき」の５作品は，いずれも登場人物の性格を複数の叙述を基にとらえることに適している。「登場人物紹介」で登場人物の性格を探って読んだり「見どころ」で，登場人物の性格を踏まえてお話の展開を読んだりと，子供たちが関心を広げて重層的に読むことができる作品である。さらに，いずれの作品も「誰かを大切に想う気持ち」が描かれており，話の展開や登場人物の気持ちの変化を読む中で，根底にある想いにも想像が膨らみ，物語の感動・おもしろさをより一層感じることができる。交流の場を適時設定し，友達と対話的に読む活動を取り入れることで，一層読み味わわせたり，考え方や感じ方の違いに気付かせたりしたい。

新学習指導要領対応ガイド

❶「見どころ」の理由を具体的に押さえられるようにする指導の工夫

本事例では，お話の「見どころ」を紹介する言語活動を取り入れています。「見どころ」とは，自分の心が一番動いたところだということを共通理解させています。これは子供一人一人が言葉による見方・考え方を働かせ，作品の叙述に自覚的に着目するための重要な手立てです。さらに「見どころ」だとする理由を「性格」「気持ちの変化」「情景」「自分と比べて」などと具体化し，指導のねらいを確実に実現できるように工夫しています（p.85写真参照）。

❷ねらいに基づく並行読書材の選書の工夫

本事例では，並行読書材として斎藤隆介作品を５作品選んでいます。これらは，登場人物の性格を，複数の叙述を結び付けてとらえるという指導のねらいに基づいて選ばれたものです。

4 言語活動とその特徴

本単元では，斎藤隆介の作品を読み，物語の「見どころ」を中心に「リーフレット」にまとめて紹介する言語活動を行う。子供の要望により地域の方々に紹介することにした。「C読むこと」の言語活動例「イ　内容を説明したり，考えたことを伝え合ったりする活動」に対応するものである。地域の方に紹介したいという子供の思いを実現するためにリーフレットの内容及び学習活動を構想し，指導事項として，登場人物の気持ちの変化や性格，情景について，場面の移り変わりと結び付けて具体的に想像すること（エ），感じたことや考えたことを共有し，一人一人の感じ方などに違いがあることに気付くこと（カ）との関連を図った。子供が目的と必要感をもって主体的・対話的に読む過程を通して，指導事項の実現に迫りたいと考える。

【本単元の「紹介リーフレット」の特徴】

①「あらすじ」：お話の「見どころ」を紹介するために，「あらすじ」の部分では登場人物の気持ちの変化に着目し関連する出来事を取り上げ，場面展開の大体をとらえてまとめる。

②「こんな登場人物が出てきます！」：お話の「見どころ」を紹介するために，「人物紹介」の部分では，登場人物の性格に着目して人物像を紹介する。

③「見どころ」はココです！：地域の方へ紹介したい，「お話の一番の『見どころ』」を選んで書き抜き，その理由と感想や自分と比べたことなどを場面の移り変わりに注意しながら，性格や気持ちの変化，情景などに着目してまとめる。

④「クリエイトパーツ」（朝の裁量の時間を運用し読書活動として取り組む。）
子供が地域の方へ紹介したいという思いを反映して，既習事項を活用したり，教師のモデルリーフレットを参考にしたりして，感性を働かせ創意工夫して書くことができる部分。子供のワクワク感・自立・創造を引き出す。

【「紹介リーフレットの構成と指導事項との関連】

5 単元の指導計画（全９時間）

第１次 単元の目的と見通しをもつ

①教師の自作リーフレットを紹介する。一緒に学習計画を立てる。

第２次❶ 共通学習材で読む視点を学ぶ

②あらすじをまとめるために物語の展開に着目して読む。

・気持ちの変化に関わる出来事をとらえてまとめる（165字）。

③登場人物を紹介するために「性格」に着目して読む。

・２回の交流（選んだ叙述が同じ・異なる）を通して，登場人物の性格をとらえるための読むポイントに気付くようにする。

・登場人物の性格を会話，行動，様子に着目して探り，複数の叙述を関係付けてとらえることを学び，学習シートにまとめる。

④「見どころ」を紹介するために，印象的な言葉や文を選び，その理由をまとめる。

・自分と同じ叙述や異なる叙述を選んだ友達と交流し，見どころの理由を明確にしたり，理由をまとめる視点に気付いたりしていくことができるようにする。

・「見どころ」の理由は，書き抜いた叙述と登場人物の性格や気持ちの変化，場面や情景の移り変わり等と関係付けてまとめるとよいことを学び，各自で学習シートにまとめる。

第２次❷ 学んだ視点を活用して並行読書材を読み，紹介リーフレットにまとめる

⑤物語の大体をとらえ，あらすじを165字程度にまとめる。

⑥学んだ視点を活用して読み，登場人物の性格をとらえる。

・同じ作品を選んだ子供同士で交流し，叙述を基に性格を探る。

・複数の叙述を関係付けて性格をとらえ，学習シートにまとめる。

⑦「見どころ」を選び，その理由をまとめる。（本時）

・「見どころ」の理由を確かめたり，広げ深めたりするために同じ作品を選んだ子供同士で交流する。

・交流での学びを生かし，見どころの理由を学習シートに書く。

第３次 リーフレットで本の紹介をする

⑧異なる本を選んだ友達と紹介し合う。対話での気付きを推敲や振り返りに生かす。

⑨地域の方を招いて紹介し，感想などを交流する。

6 本時の学習（本時７／９時）

❶本時のねらい

物語全体に描かれている人物の性格や気持ちの変化，情景を関係付けて読み，見どころとその理由をまとめて交流し，互いの感じ方の違いに気付くことができる。（読むこと　エ，カ）

❷本時の展開

時間	学習活動	指導上の留意点（・）と評価（◇）
導入 ５分	１．前時までの学習を想起する。 ２．本時のめあてを確認する。 登場人物の性格や気持ちの変化，情景について対話し，見どころの理由を【はっきりさせよう】。 ３．めあての達成に向けて，学習の流れを確認する。 ステップ：グループ対話 見どころの理由を確かめたり，広げたりする。 ジャンプ：一人対話 対話での気付きを生かして，見どころの理由を学習シートにまとめる。	・学習進行表や紹介リーフレットを提示しながら，本時の学習のめあてとその方法を導く。 ・今日の学習で【目指したいこと】を問い，自分にぴったりな言葉を入れてめあてを立てることができるようにする。 ※ホップ：一人対話はさわやかタイムや授業と連動した家庭学習として取り組んでおく。 ホップ：一人対話 「見どころ」を選び，書き抜く。 その理由が分かるところに付箋を貼ったり，書き込みをしたりする。
展開 30分	４．ホップ：一人対話の見直しをする。 本に貼ってある付箋を基に選んだ「見どころ」とその理由につながる叙述を見直す。 ５．ステップ：グループ対話 【方法】同じ作品を選んだ子供同士で交流する。 【目的】見どころの理由を確かめたり，広げ深めたりする。 「理由がもてている（自信がある）」→ 友達に伝えることで自分の読み取ったことを確かめよう。（根拠となる叙述とそこから想像したことや考えたことを伝えよう。） 「理由がこれでいいのか不安」→ 不安なところを伝え，友達に意見を求めよう。 ６．ジャンプ：一人対話 交流での気付きを生かして，理由をまとめる。	・選んだ見どころにつながる叙述を指さしながら，登場人物の性格や気持ちの変化，情景について想像したことや考えたことを視点に，心が動いた理由について対話し，理由を明確にすることができるようにする。 ◇場面の移り変わりに注意しながら，選んだ見どころと登場人物の性格や気持ちの変化，情景等と関係付けながら読み，心が動いた理由について，読み取ったことと感想を併せてまとめている。 （読エ）（交流・学習シート） ◇一人一人の感じ方について違いがあることに気付いている。 （読カ）（交流）
まとめ 10分	７．本時の学習を振り返る。 ８．次時の学習の見通しをもつ。	・めあてと対応させて振り返らせる。

❸本時の板書例

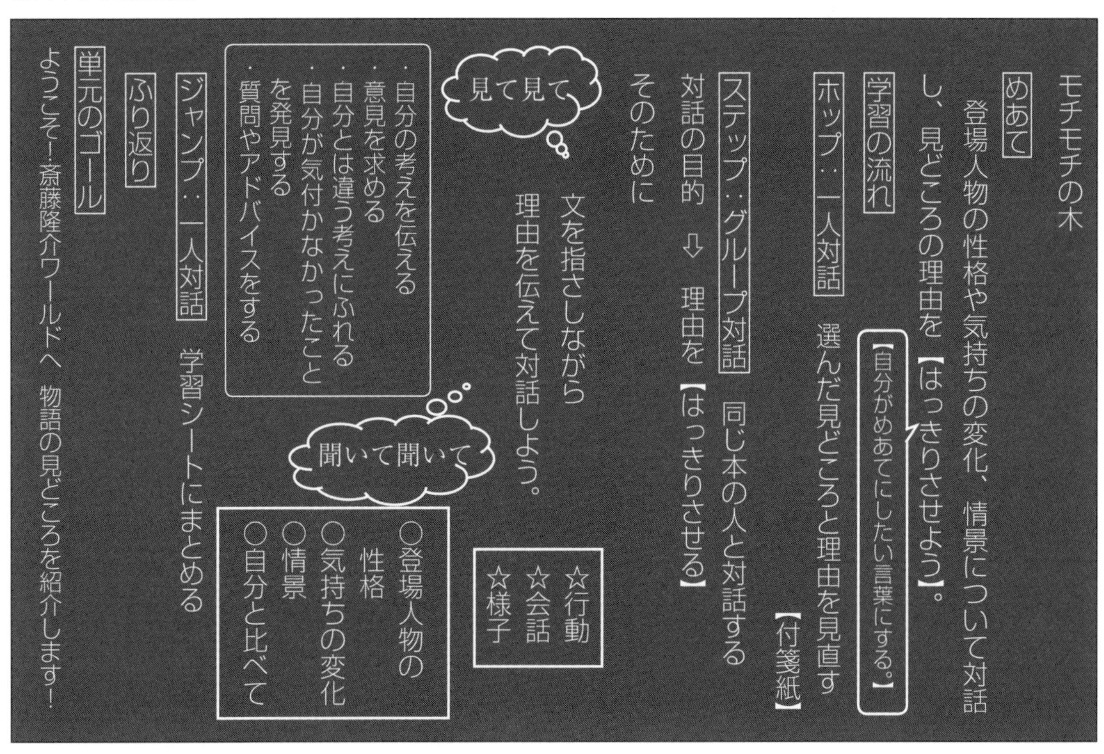

グループ対話

前時の「学び」を活用

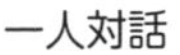

一人対話

子供作成リーフレット

7　主体的・対話的で深い学びにつながる指導と評価のポイント

❶指導のポイント

子供の直感的に発した「おもしろかった」「感動した」等の声こそ主体的な読みの原点ととらえる。そして,「どんなところが？」と問われると，そのワケ（根拠となる叙述「言葉」「行動」「情景」など）を伝えるために再読し始める。この「おもしろさを伝えたい」「この感動を分かってほしい」をいかに引き出し，主体的・対話的で深い学びに向かわせるかを軸にその手立てを図った。

単元学習導入前に興味関心や目的意識を高めるための布石として

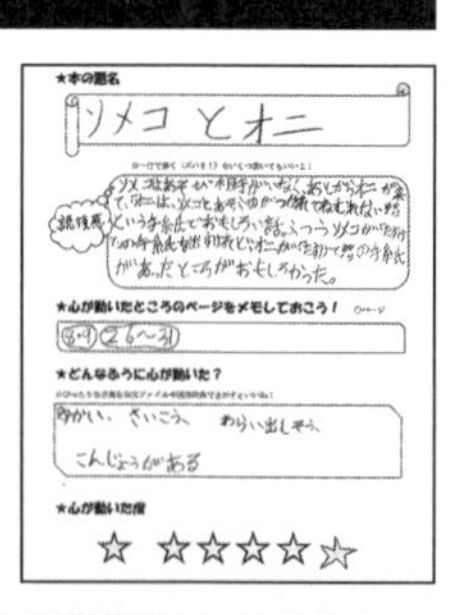

・斎藤隆介作品の読み聞かせを行い，教室に「斎藤隆介ワールド」コーナーを設け，並行読書ができるよう，複冊数ずつ本を準備しておく。
・読んだ作品をチェックする一覧表を作成し，友達がどの本を読んだのか，何回読んだのかを確認できるようにし，作品を通して対話ができるようにする。また，読んだ作品について記録できるカードを用意し，紹介したい一冊を選ぶ際の手がかりになるようにする。

主体的に学習するための手立てとして

・教師自作のリーフレットを紹介し，学習のゴールへの見通しやワクワク感をもたせる。子供と対話しながら学習計画を立てる。指導事項に関連する学習活動は意図的に提案する。
・物語の「見どころ」*の解釈について，感じ方や考え方を出し合い，共通理解を図る。
　＊「見どころ」とは…自分の心が一番動いたところ。ココは見逃せないよと言いたくなるところ。 見どころは，読む人それぞれの感じ方によって異なってくることから，「おもしろい」「グッときた」等，主体的な思いで選ぶことを確認する。
・「心が動いた本」を紹介するために，共通学習材で読む視点を学び，並行読書材で活用できるように交互に学習を組み込む。その際，先に「視点」を与えて読ませるのではなく，子供がそう感じた・考えた理由や根拠となる叙述を表出させ，整理し，明確化していくことで，次時の活用につなげる。
・付箋や全文シートを活用し，考えの根拠となる叙述を明確にしていく。さらに交流へつなげて考えを広げ，深めていけるようにする。
・「性格」「感想」を表す言葉を集めて提示し，子供が自分の考えを表現する際に必要に応じて参考にできるようにする。

全文シートから交流へ

対話的に学習するための手立てとして

・学習プロセスの中に「一人対話：考えの形成や振り返り」，「ペア，グループ，みんな対話：交流」を取り入れる。子供が対話を通して，気付きや学びを得たり，課題を解決したりすることができるようにする。

・毎時間，学習の振り返りを行う。自らの読みの深まりや新たな学び，次時の学習へ生かしたいことなどに視点を当てて一人対話をさせることで，深い学びへの自覚化を図る。

❷評価のポイント

共通学習材で学んだことを活用して，並行読書材を読み進めることができるように交互に学習を取り入れて学習を展開してきたため，共通学習材の学習シートや振り返りの記述内容を踏まえて，次時の個別支援に生かしたり，子供が学んだことや交流での気付きを反映させている様子を積極的に評価したりすることができた。

子供の学習シートの振り返り及びリーフレットの記述内容【評価規準（読エ）】

（第４時）

今日，モチモチの木の登場人物の性格をさぐるためには，会話や様子や行動や語り手やズバリ性格を読むと性格が見つかるということに気がつきました。それに，ペア対話で，ちがう文から同じ性格が見つかったし，同じ文からちがう性格が見つかりました。あと，性格は一つだけではないということにも気がつきました。

（第７時）

今日，見どころのグループ対話で，「思わず悲しみがこみ上がる」という言葉をもらいました。わたしの気持にぴったりでよりわかりやすくなりました。地いきの方にもはやく伝えたくなりました。

（第７時）

私が選んだ見どころは大太郎が「ぼろぼろと大きななみだをこぼした。」のところです。思わず悲しみがこみあがりました。

理由は，「大太郎もふきがすきだった」とあって，二人はどちらもすきと思いました。

けれど，でんでろ山の青おにが来て，父ちゃんは死んでしまいました。ふきが一番，やりきれないほど悲しいと思いました。だからふきは，青おにに立ち向かいました。でも無数の雪玉とともにふきと青おにには見えなくなりました。

大太郎はふきが大すきだったから，ふきがなくなると思ってもみなかったと思います。大太郎のすごく悲しい気持ちが私によく伝わってきて，大太郎といっしょになみだが出そうになったからです。

目的に応じて重層的に読む（全文シート・付箋紙の活用）

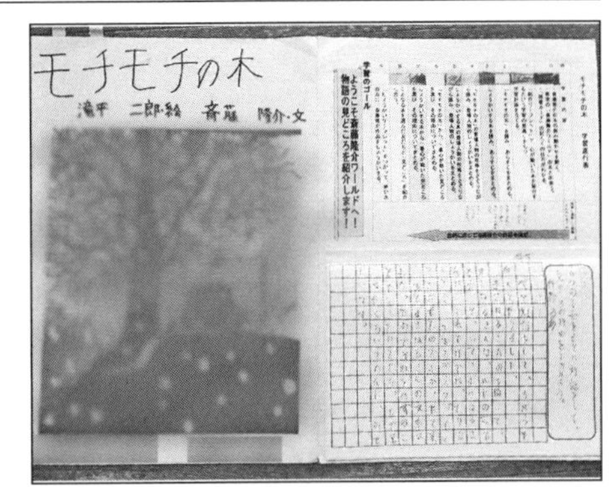

学習シート

（酒井　里美）

【引用・参考文献】小学校国語科映像指導資料（国立教育政策研究所）

クラブ紹介のスピーチをしよう

【時間数】全11時間・【教材名】「クラブ活動リーフレット」を作ろう（光村図書４年下巻）

1　単元の指導目標

○言葉には，考えたことや思ったことを表す働きがあることに気付くとともに，相手を見て話したり，言葉の抑揚や強弱，間の取り方などに注意したりして話すことができる。

（知・技(1)ア，イ）

○目的を意識して，話題に沿って集めた材料を比較したり分類したりしながら話すために必要な事柄を選んだり，相手に伝わるように理由や事例を選んだりするとともに，目的や進め方を確認し，互いの相違点や共通点に着目して考えをまとめることができる。

（話すこと・聞くこと　ア，イ，オ）

○伝えたい話題が相手に伝わるスピーチができるように，材料を考えたり話し合って考えをまとめたりしようとすることができる。（学びに向かう力等）

2　単元の評価規準

知識・技能	思考力・判断力・表現力等	主体的に学習に取り組む態度
・相手に伝わるスピーチを工夫することを通して，言葉には，考えたことや思ったことを表す働きがあることに気付いている。（知・技(1)ア） ・相手を見て話したり，言葉の抑揚や強弱，間の取り方などに注意して話したりしている。（知・技(1)イ）	「A話すこと・聞くこと」 ・目的を意識して，話題に沿って集めた材料を比較したり分類したりしながら紹介スピーチに必要な事柄を選んでいる。（ア） ・紹介したいことが相手に伝わるように理由や事例を選んでいる。（イ） ・目的や進め方を確認し，互いの相違点や共通点に着目して話し合い，考えをまとめている。（オ）	・伝えたい話題を相手に伝えるスピーチができるように，材料を考えたり話し合って考えをまとめたりしようとしている。

3 単元について

本単元では，「アップとルーズで伝えよう」で学習したことを生かして，「自分たちも相手に分かりやすく伝えてみよう」という課題を設定している。課題に対して目的意識をもちやすいように，題材を「クラブ活動の紹介」とした。上学年として，クラブ活動に初めて参加することができた喜びや経験は，学習意欲の向上に結び付くのではないかと考えた。また，「３年生に伝える」という設定にすることで来年初めてクラブ活動を行う３年生に教えてあげたいという気持ちが自然と生まれ，相手意識をもって学習を継続するのには適切ではないかと考えた。

さらに「伝える」手立てとして，「アップとルーズで伝えよう」で写真を効果的に使うよさを学習している。自分の考えを伝えるために「写真を選ぶ」という話合いの目的は，子供にとって自然な活動であり，意欲的に参加できるのではないかと考えた。また，同じクラブの子供同士でグループを作ることで，自分の考えと共感してくれるかもしれない。また，様々な言い回しがあることを知ったり，話し合うことで話が深まったり広がったりすることにも気付かせたいと考えた。

話合いの仕方は，１学期に「よりよい学級会をしよう」で学習している。「司会・提案・まとめ」という話合いの基本の進め方，「司会の役割」について，役割を果たしながら進行に沿って話し合う大切さは学んでいる。しかし，型にはまった話合い活動から発展しないことも多くある。そのため，自分の課題としてとらえきれない子供や自分の思いを十分に伝えられない子供も出てくる。役割は意識しつつも型にとらわれず，話題に沿って活発に話合いが進むようにしたい。

新学習指導要領対応ガイド

❶カリキュラム・マネジメントを生かした年間指導計画の工夫

限られた時数を効果的に活用し「話すこと・聞くこと」の資質・能力を高めるには，各教科等との関連を見通した指導が重要になります。本事例では，学級活動等との関連を見通した年間指導計画を作成し，指導の効果を高めています（p.94参照）。

❷単元間の関連を図る効率的な指導の工夫

本単元は直前の説明的な文章を読む単元との関連を図って構成されています。このことによって，相手に伝わるようにするためには伝え方をどのように工夫したらよいのかについて，課題意識を十分高めた状態で単元を導入することができるようにしています。

❸話合いの評価の工夫

話し言葉は，そのままでは形に残らないため，評価方法の工夫が大切になります。本事例では子供の思考の過程が見えるようなワークシートを工夫し，評価に役立てています。

4　言語活動とその特徴

本単元では，「アップとルーズで伝える」で学習した読みの観点を生かして，自分のクラブをアップとルーズの写真を使って紹介する言語活動にした。

「アップとルーズで伝える」

読みの観点 ・構成について ・情報発信の方法（アップとルーズ） ・対比させながら説明する文章の書き方 ・写真と対応する文章の書き方

「クラブ活動リーフレットを作って，自分のクラブを説明しよう」

構成 ・クラブ活動の内容や目的，目標 ・特に伝えたい活動内容（対比） ・思い 記述→スピーチへ ・写真と文章の対応　・補足　・指示語　・接続語　・具体例　・書き出し ・事実と伝聞

❶主な言語活動

「伝える内容を決める」ために，話し合うこと（第５時）

話合いの基本的な進め方をモデルで示し，話合いの仕方をイメージしやすくするとともに，全員が取り組んでいる身近な話題（クラブ活動）を設定し，何のために何の話合いをするのかという話合いの意図を明確にした。

「目的や必要性を意識」しながら発表する内容を考え，発表して伝えること（第６時）

誰に対して（相手意識），何のための（目的意識）発表をするのかを学習当初からはっきりさせ，相手に分かりやすく伝わるように，方法（写真）を選択させて，内容を工夫できるようにした。

話合いのポイント・司会の進め方を示した。こうしたポイントなどを生かした学習を繰り返していくことで自信をもって話合いを進められるようになり，徐々にモデルからその状況に合わせた話合いができるようになっていく。

5　単元の指導計画（全11時間）

第1次

①クラブについて楽しかったことを発表する。

来年初めてクラブ活動を行う３年生に向けて，クラブのよさを紹介するスピーチを行うという学習のめあてを設定し，学習計画を立てる。

②よりよい話合いの仕方について考える。

第2次

③「紹介します！ぼくらのクラブ!!」発表会で発表する内容について話し合い，学習の見通しをより明確にする。

④自分のクラブのよさや紹介したい内容と理由をワークシートに書き，比較したり分類したりしながら考えを整理する。各自，スピーチで用いたいクラブ活動の写真を準備する。（本単元の導入前からクラブ活動の様子をデジタルカメラ等で撮っておく。）

⑤クラブごとのグループで，複数の写真の中から紹介に使いたい写真を２枚（アップとルーズの２種類）選択する話合いをする。（本時）

⑥選んだ写真をどのように使えるか話し合い，紹介したい内容を整理する。

⑦発表メモを作る。

スピーチは「クラブの大まかな紹介」→「クラブ活動のよさ」→「入部を呼びかける言葉」という構成を基本とする。

⑧写真を見せるタイミングを考えながら発表の練習をする。

第3次

⑨「紹介します！ぼくらのクラブ!!」発表会のリハーサルをクラスで行う。

⑩「紹介します！ぼくらのクラブ!!」発表の本番を３年生に行う。

⑪発表の振り返りをする。

6　本時の学習（本時5／11時）

❶本時のねらい

・司会や提案などの役割を意識しながら，進んで話し合おうとしている。（学びに向かう力等）
・互いの考えを伝え合い，互いの考えの共通点や相違点を考えながら話し合うことができる。
（話すこと・聞くこと　オ）

❷本時の展開

時間	学習活動	主な発問（○）と指示（△）	指導上の留意点（・）と評価（◇）
導入 10分	1．学習の流れとめあてを確認する。	○話合いのポイントに気を付けて，「紹介します！ぼくらのクラブ!!」発表に使う写真を決めよう。	・見通しをもって学習ができるように流れを確認する。
	話合いのポイントに気を付けて，発表に使いたい写真を話し合って決めよう。		
	2．グループの話合いのポイントを振り返る。 〈司会の進め方〉 ・話合いの流れの把握 ・意見の確認（意見の相違） ・話合いの軌道修正 〈意見の言い方〉 ・司会に指名されてから話す。 ・自分の意見と理由を言う。 ・自分と友達の考えを比べる。	○これまでに学習した話合いのポイントを振り返ってみよう。	・既習事項を想起させながら，役割ごとにポイントを示して確認する。
展開 30分	3．グループごとにクラブのよさを伝えるための写真を選ぶ。	○自分のクラブのよさを伝えるためには，どの写真がいいでしょうか。発表で使いたい写真を話し合って各クラブ2枚選びましょう。 △自分の意見を伝えやす	・写真は，各クラブ複数枚，アップとルーズの写真を取り混ぜて事前に用意して示しておく。 ・司会や記録の役割で困難なことがあったら，グループの中で補い合

		くするためにワークシートを発表メモとして使う。 △これまで学習したことを生かして，写真を選択する。	うようにする。 ・話合いが早く終わったグループは，決めた写真についての話合いを始めさせる。
	4．グループで話合いの経過を発表する。	○ここまで話し合ったことを発表してください。 △写真を提示しながら理由を明確にして伝える。 △記録者が発表する。写真が決まっていなくても，話合いの経過を報告する。	◇司会や提案などの役割を意識しながら，話題に沿って話し合っているか。（態） ◇互いの考えを伝え合い，互いの考えの共通点や相違点を考えながら話し合っているか。 （話・聞オ）
まとめ 5分	5．話合いを振り返る。	○ポイントを意識して話し合うことができましたか。ワークシートに振り返りをしましょう。	・友達の考えとの共通点や相違点に気付けるようにする。 ・話し合うことで話が深まったり広がったりすることも気付かせたい。

❸本時の板書例

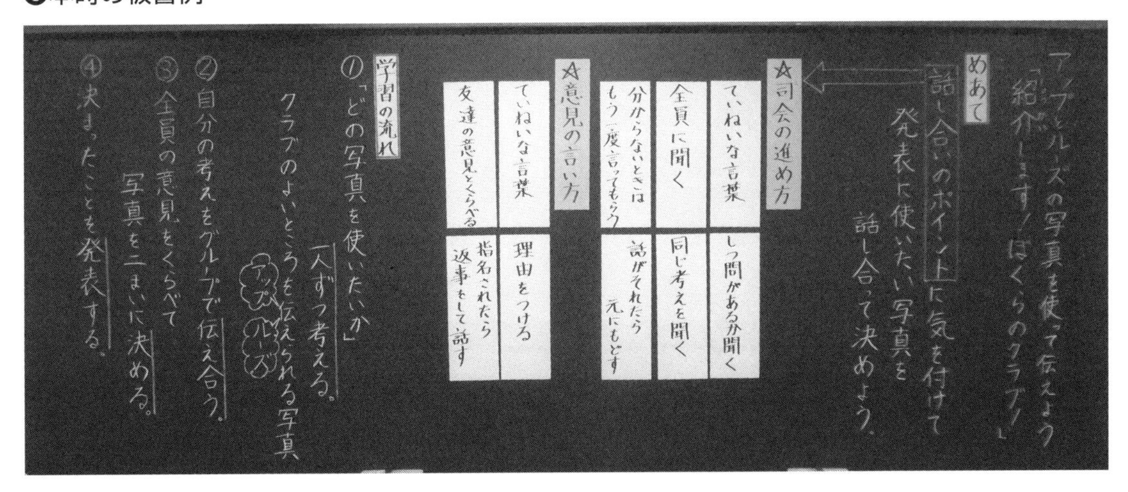

7 主体的・対話的で深い学びにつながる指導と評価のポイント

❶指導のポイント

日常的な言語活動の充実

中学年の話すこと・聞くことに関する指導時間は年間で30時間程度である。限られた時間の中で主体的な学びの場を設定することはとても難しい。そこで，カリキュラム・マネジメントを生かし，学級活動等とも効果的な関連を図りながら，年間指導計画に意図的・計画的に位置付けて指導を行っている。さらに，日常的な言語活動を位置付けて充実させていった。年間を通して取り組むものとして，朝のスピーチ，話型や話す・聞くことのポイントを掲示した。また，言語活動ゲームを授業の中に取り入れ，楽しみながら主体的に言語活動に取り組めるよう工夫した。

言語活動ゲーム・どっちにする？　カード例

中学年「話すこと・聞くこと」に関する年間学習指導計画

		一学期				二学期				三学期		
		4月	5月	6月	7月	9月	10月	11月	12月	1月	2月	3月
3年生	国語	○よく聞いて，じこしょうかい ○よい聞き手になろう ○音読・言語活動ゲーム→			○落語鑑賞教室	○夏休みの思い出発表会 ○進行を考えながら話し合おう				○しりょうから分かる小学生のこと		→
	学級活動	○学級目標を決めよう ○１学期の目標 ○係を決めよう	○話合い活動 ○運動会のスローガンを考えよう	○話合い活動 ○雨の日の過ごし方について	○夏休みの生活について ○話合い活動 ○お楽しみ会の計画を立てよう	○２学期の目標 ○係を決めよう ○話合い活動	○話合い活動	○話合い活動 ○学校をきれいにしよう	○話合い活動 ○冬休みの生活について	○話合い活動 ○係を決めよう ○３学期の目標	○話合い活動 ○６年生を送る会の計画を立て，練習しよう	○お楽しみ会の計画を立てよう ○春休みの生活について ○もうすぐ４年生
	行事等		○運動会				○学芸会 ○展覧会	○七小わくわく発表会（総合）			○６年生を送る会	
4年生	国語	○よりよい学級会にしよう ○音読→ ○言語活動ゲーム			○落語鑑賞教室	○大事なことを落とさずに聞こう ○言語活動ゲーム				○アップとルーズの写真を使って伝えよう「紹介します！ぼくらのクラブ！」 ○言語活動ゲーム		→
	学級活動	○学級目標を決めよう ○１学期の目標 ○係を決めよう	○話合い活動 ○運動会のスローガンを考えよう	○話合い活動 ○雨の日の過ごし方について	○夏休みの生活について ○話合い活動 ○学級お楽しみ会の計画を立てよう	○２学期の目標 ○係を決めよう ○自由研究発表	○話合い活動	○話合い活動 ○学校をきれいにしよう	○学級お楽しみ会の計画を立てよう	○話合い活動 ○係を決めよう ○３学期の目標	○話合い活動 ○６年生を送る会の計画を立て，練習しよう	○お楽しみ会の計画を立てよう ○春休みの生活について ○もうすぐ５年生
	行事等		○運動会				○学芸会 ○展覧会	○七小わくわく発表会（総合）			○６年生を送る会	

言語活動の可視化

子供に活動の見通しをもたせるために，モデルビデオを作成し，提示した。本単元では，役割を明確にした話合い活動のモデルビデオを活用した。学習活動で扱う言語活動を可視化することで，学習することが明確になり，主体的に学習できるようになった。

話合いの可視化

発達段階に応じた話合いに必要な手立てを作成した。中学年では，話合い活動の司会台本を作成し，提示した。子供が活動全体の流れを把握し，気を付けるポイントに留意しながら，内容の構成を考えることができ，自信をもち対話できるようになった。また，自分の意見の伝え方を掲示物にして，教室前面に掲示し，常に活用できるようにした。なお，右のような意見を求めるための話型も活用すると，目的を明確にした交流の際に効果的である。

〈意見を求める時〉
ぼく・わたしは，
○か×かまよっています。
意見をお願いします。

思考の可視化

発表会で話すために発表メモを作成した。自分の考えをワークシートや短冊型のメモに書くことで，話す内容を整理することができた。また，短冊型のメモは動かすことができるので，自分やグループの考えを整理することができ，学びを深めることができた。

❷評価のポイント

「話すこと・聞くこと」の学習では，思考の過程や発表，聞く力など，評価しにくいものが多い。そこで，ワークシートを工夫し，思考の過程も，話合いの過程も可視化したことによって評価できるようにした。

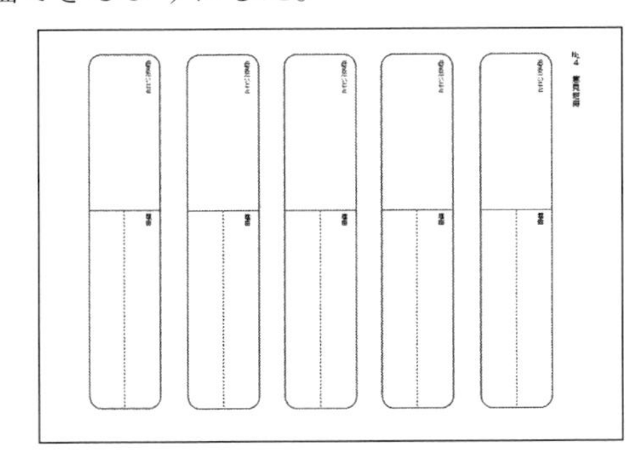

ワークシート　意見短冊

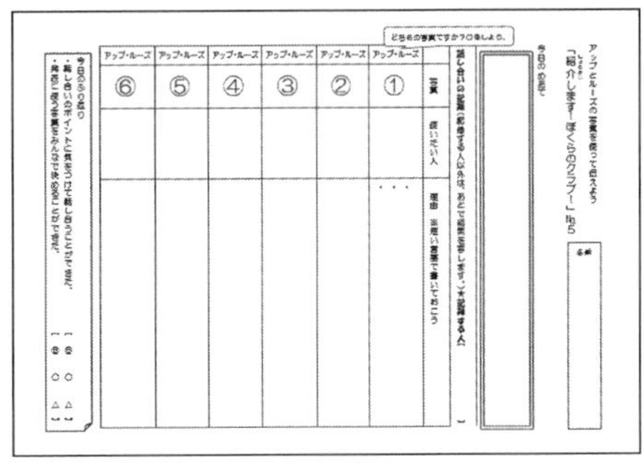

ワークシート　話合いの記録

本単元では，話合いの話型から提示してきた。これは，子供の実態に応じたものだが，少しでも早く話型だけでの話合い活動から脱却したいと考えていた。様々な教科，場面で話し合う力を高めていったことで，状況に応じた話合い活動ができるようになった。

（星野　哲朗）

【参考文献】
・水戸部修治『イラスト図解でひと目でわかる！　小学校国語科　言語活動パーフェクトガイド　３・４年』pp.32-39，明治図書，2011年
・髙橋敏・山本直子『小学校国語科授業アシスト　コミュニケーション力アップ！話し方・聞き方アクティビティ34』pp.56-57，pp.93-95，明治図書，2013年

クラブ活動リーフレットでクラブのよさを伝えよう

【時間数】全11時間・【教材名】「クラブ活動リーフレット」を作ろう（光村図書4年下巻）

1　単元の指導目標

○改行の仕方を理解して文や文章の中で使うとともに，句読点を適切に打つことができる。
（知・技(1)ウ）

○相手や目的を意識して伝えたいことを明確にしたり，考えとそれを支える理由や事例との関係を明確にして書き表し方を工夫したりするとともに，目的を意識した表現になっているかを確かめて文章を整えることができる。（書くこと　ア，ウ，エ）

○情報を読み手に明確に伝えるため，資料を工夫して活用するなどしながら文章に書き表そうとすることができる。（学びに向かう力等）

2　単元の評価規準

知識・技能	思考力・判断力・表現力等	主体的に学習に取り組む態度
・改行の仕方を理解して文や文章の中で使うとともに，句読点を適切に打っている。（知・技(1)ウ）	「B書くこと」 ・クラブ活動のよさをリーフレットに書いて説明するという目的を意識して，集めた材料を比較したり分類したりして伝えたいことを明確にしている。（ア） ・伝えたいクラブのよさとそれを明確に示す事例との関係をはっきりさせ，伝えたいことに合う写真を用いるなどして書き表し方を工夫している。（ウ） ・クラブのよさが伝わるかどうかを確かめて文章を整えている。（エ）	・情報を読み手に明確に伝えるため，伝えたい事柄にふさわしい資料かどうかを確かめて用いるなどしながら文章に書き表そうとしている。

3　単元について

本単元は，自分が所属するクラブ活動を説明するという活動を通して，子供が自分たちの活動やよさを友達に書いて伝え合い，次年度のクラブ活動を選択するための参考にしようという目的をもっている。この目的に応じて，体験・取材したことから自分の書きたいことを選び，相手にそのクラブの特徴やよさが伝わるように，写真と文章を関連させたり組み立てを工夫したりして書く力を身に付けることをねらっている。以下は着眼点である。

⑴書く目的・相手・価値の意識を生み出す単元づくり

自分のクラブを説明した「１次表現」から「もっと友達や３年生に分かるようなクラブ活動の説明をしよう」と書く目的や相手意識をもつ。その際「アップとルーズで伝える」から写真を組み合わせて説明することを活用していく。

⑵課題に気が付き，自分の表現を高めていく活動の設定

①課題はチャレンジカード（緑色）・よいところはグッドカード（ピンク色）

②２つのサンプル文を比較して，自分の課題に気付き，見直す活動を行う。

⑶取材・構成シートや付箋を使い，子供が主体的に取り組めるような学習活動を行う。

⑷よりよい表現を目指し，自分の表現に生かす交流活動

①構成や下書きを見直す際にチャレンジカードやグッドカードを用いて交流。

②出来上がったリーフレットを読み合い，達成感を実感し合う交流。

⑸自分の学びを実感できる自己評価の場の位置付け

１次表現→下書き→清書と自分の力の高まりを見て実感できるようにする。

⑹取材・構成シートや付箋・写真を使って，子供が主体的に活動できるようにする。

新学習指導要領対応ガイド

❶実生活に生きる書くことの能力育成の工夫

本事例では，自分が所属するクラブ活動のよさについて，これからクラブを選択する３年生のためにリーフレットにまとめて説明するという，実生活にも生きる言語活動を工夫しています。この意義として，まず子供の書くことへの意識の高まりが挙げられます。一人一人が相手や目的を十分意識して書くことがねらいなので，伝えたいという思いが高まる場面を生かすことが効果的です。またもう一つのねらいであるクラブのよさとそれを明確に示す事例との関係を考えて書く上でも，具体例を吟味しやすく子供の実態に合った指導が可能となります。

❷伝えたいことを適切に表現するための指導の工夫

本事例では，写真を用いて説明する文章をリーフレットの中に書くこととなります。その際，「６　本時の学習」にあるように，具体的にどのような言葉を用いれば写真のよさをうまく引き出して説明できるのかを検討するための指導を工夫しています。

4　言語活動とその特徴

本単元における言語活動として「リーフレット」で自分のクラブ活動を説明することを位置付けた。ここで取り上げたリーフレットには，写真を使って自分のクラブのよさを同学年の友達や来年４年生になる友達に説明するものを書いていった。リーフレットは，コンパクトであること，簡単にできてしかも仕上がりに個人の工夫が生かされること，折り目で段落や構成を工夫できること等から伝えたいことの中心を明確にし，目的や必要に応じて写真と文章を関係付けながら，「自分の考えとそれを支える理由や事例」を挙げて書く（B 書くこと　ウ）ことを実現するのにふさわしい言語活動であると考えた。表表紙にキャッチコピーとクラブ名。中は，アップとルーズの写真を使ったクラブの説明を書くようにしていった。裏表紙には，クラブへの誘いの言葉またはクラブの人数や活動場所などの基本情報などを掲載していった。

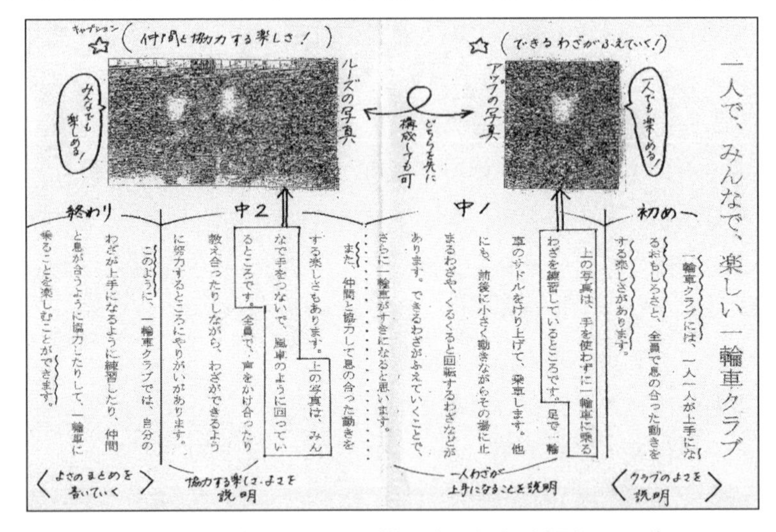

教科書教材を解説したもの（第１次の２時で活用していく）

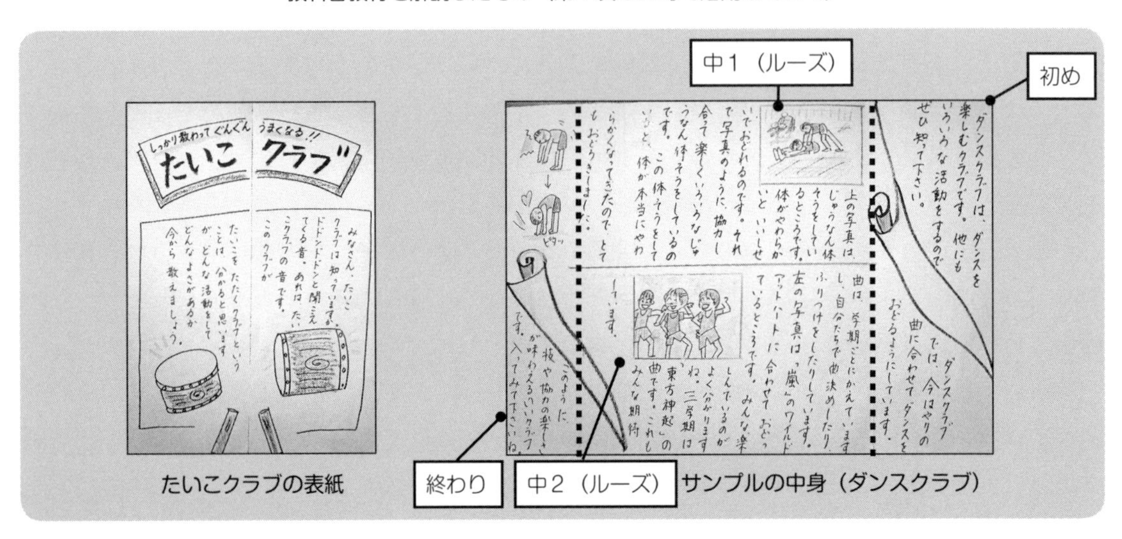

たいこクラブの表紙　　サンプルの中身（ダンスクラブ）

5　単元の指導計画（全11時間）

第1次

クラブのよさや楽しさについて話し合い，学習課題を設定する。

①自分のクラブ活動について，楽しかったことやクラブのよさをお互いに出し合い，リーフレット作りへの意欲をもつ。（1次表現）

②教科書教材を基に，相手に自分の考えがより伝わりやすい書き方について自分の課題をもつ。

③学習計画を立てる。

第2次

情報を集め，リーフレットを作る。

④⑤取材する。（写真を選んだりクラブ活動の内容やよさを付箋に書いたりしながら取材シートに集材を行う。また，伝えたいことの中心を決めていく。

⑥写真を説明する文章を書き，伝えたい内容に合うように書く材料（写真や付箋）を選び，構成シートに組み立てていく。

⑦伝えたいことに合った構成になっているか友達同士で見直しをする。

⑧構成シートを基に下書きをする。

⑨見直しの観点を見いだし，友達同士で読み合いながら，下書きの見直しをする。（本時）

⑩清書し，リーフレットを作成する。

第3次

⑪出来上がったリーフレットを互いに読み合って，よさを交流し合い，学習のまとめをする。

※朝自習などを使って，3年生に読んでもらう。

6　本時の学習（本時9／11時）

❶本時のねらい

教師のサンプルを比較して，見直しの観点について話し合ったり友達と文章を読み合ったりする活動を通して，自分の文章がよりよい表現になるよう見直すことができるようにする。

（書くこと　エ）

❷本時の展開

時間	学習活動	主な発問（○）と指示（△） 子供の発言（C）	指導上の留意点（・） と評価（◇）
2分	1．前時の想起 2．めあての確認	○3年生にクラブの楽しさがより伝わる文章になるように下書きを見直していきましょう。	・前時の想起を行い，今日の学習を確かめる。 ・見直しの最後の段階であるため，クラブのよさや楽しさが3年生により伝わるようにと考えるようにする。
	3年生にクラブの楽しさがより伝わるように，下書きを見直そう。		
15分	3．書き直す前と後とのサンプル文を比較して見直しの観点を確かめる。 見直し箇所を見付けて線を引いたところを発表し合う。 比較のシート	○先生の「たいこクラブ」の文もより伝わるように書き直したけど，どこがよくなっているか分かる？ △よくなっている箇所に線を引くように伝える。 ○どこに線を引いたか教えてください。 △前に出てきて文章を指して説明。 C　たいこの「真ん中」とあるように，詳しくする言葉が増えています。 C　「上手になると早打ちも…」など技も付け加えているのがいいです。 C　「やりがいを感じます」という文にクラブへの気持ちが書けています。 C　「上級生がやさしく」のところです。なぜなら，太鼓は難しいけれど，上級生が優しいと心配がなくなるからです。 C　「がんばったらだれでも上達します」のところです。わけは「だれでもできる」と書いてあったら	・今まで取材・構成・下書き等は教師のサンプルを見ながら書き方について話し合ってきた。ここでも教師の下書きのサンプル文を使って考え合うようにしていく。 ・修正前と修正後の2つのサンプルの比較からどういったところを見直していくか考えるようにしていく。 ・相手意識のある言葉や伝えたいことの中心に使われている言葉に気付かせるようにしていく。 ・後で「見直しのポイント」につながるように，板書する際は「活動のこと」と「クラブのよさ」に分類しながら書いていくようにする。

		3年生がクラブに入りやすくなるからです。 C　3年生がやる気になる言葉だと思うよ。 C　「協力して演奏する」と，協力するよさも付け加えています。 C　ちょっと似ています。伝えたいことの中心にそって「心を一つにして」と書いているのもいいね。	
5分	4．見直しの観点をまとめる。	○みんなの意見をまとめると，「①クラブの活動が分かりやすく書けているか。②3年生にそのクラブのよさが伝わるか。」が見直しのポイントになりそうだね。	・観点をまとめたものを紹介し，今後の見直しに生かすようにする。
10分	5．観点に沿って見直し，その後交流して読み合う。	○見直しポイントに沿って，まず自分で見直そう。その後，3人で読み合おう。 △見直しでは，チャレンジカード（緑色）を使って自分の課題を書き込んだ。	・見直しの観点に沿って，自分の文章をよりよい表現に見直していくようにする。 緑の付箋で自分自身の見直しをする子供
5分	6．見直したことについて発表する。	○どこを見直したかな？ C　紹介するゲームの種類は，量を減らして12種類から6種類にしました。 C　読んでみて細か過ぎない方が分かりやすいかなと思いました。	
5分	7．友達の文章のよさを発表する。	○友達の説明文を読んでどう感じたかな。 C　「テーブルゲームクラブ」はいろんな遊びがあることがよく分かりました。 C　「手芸調理クラブ」は自分の作品を作れるというよさがあるって気が付きました。	◇観点に沿って，自分の文章の見直しをしている。（書エ） （見直しの状況の観察）
3分	8．本時の学習を振り返り，次時の学習について確認する。	○いいですね。3年生も読んでみて，今のみんなと同じような感じ方をしてくれると思いますよ。次の清書も見直しながら書いていきましょう。	

7　主体的・対話的で深い学びにつながる指導と評価のポイント

❶指導のポイント

学習の見通しをもって，進んで活動していくための学習計画表の掲示

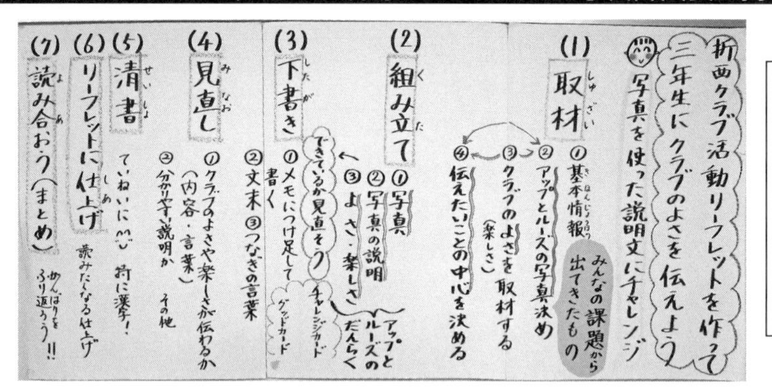

〈学習計画表〉
子供が進んで学習していくためには「次に何をするのか」という見通しが必要である。そのためには，学習の早い段階で子供とともに学習計画を立てることが大切である。

主体的に書いたり友達と話し合ったりするためのシートや付箋

〈グッドカード（ピンク）〉（点線枠部分）
友達がよさを見付けたところ
・写真と内容が合っていてOK。
・感想を言っているのがよく分かるね。
・仲よく楽しく作ることを中心に書いているね。
・たくさん取材している。協力するという伝えたいことの中心がよく分かる。

〈チャレンジカード（緑）〉（実線枠部分）
本人の見直し
・写真の説明を詳しくする言葉を入れた。
・「中１」の書き出しの文章をよりよい表現になるように工夫していた。
・伝えたいことの中心である「協力」という言葉を付け加える。
・実験の説明を説明を詳しく分かりやすくした。

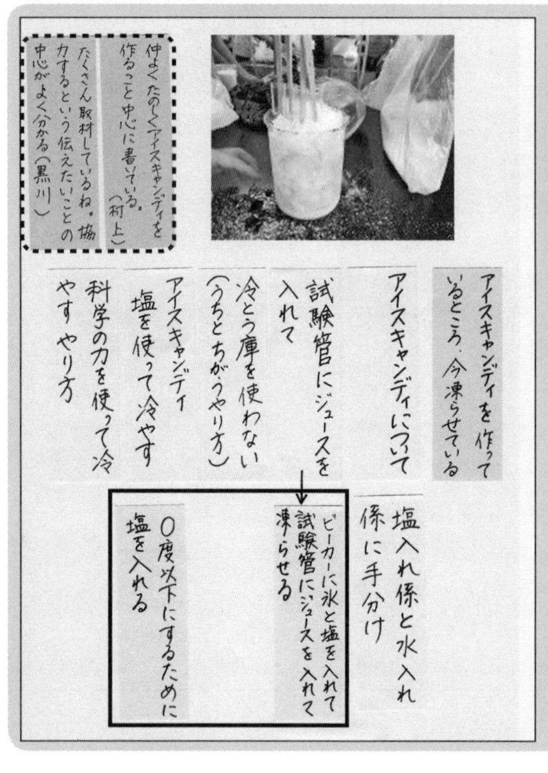

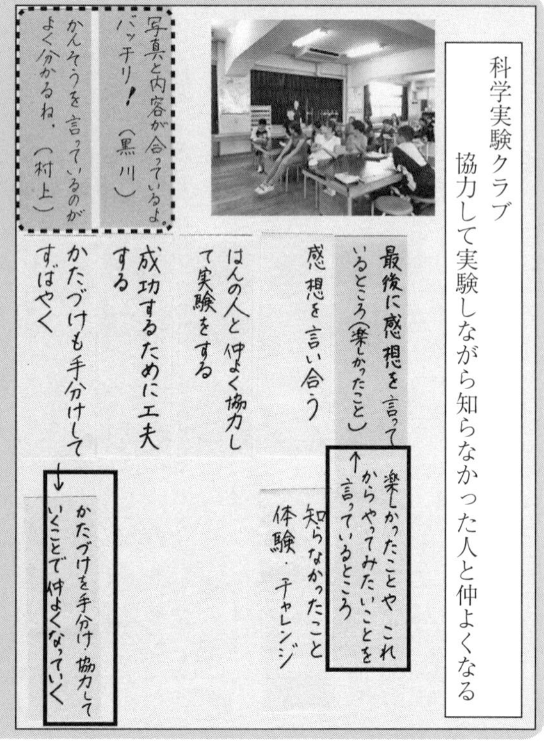

❷評価のポイント

1次表現では，相手意識も足りず，クラブ活動のよさを十分に説明する文章ではなかった。しかし，最終的な説明文は相手・目的意識の高い，クラブのよさを十分に伝えられる文章となった。また，最初の文章と比べることで子供自身に成就感・達成感が生まれていった。

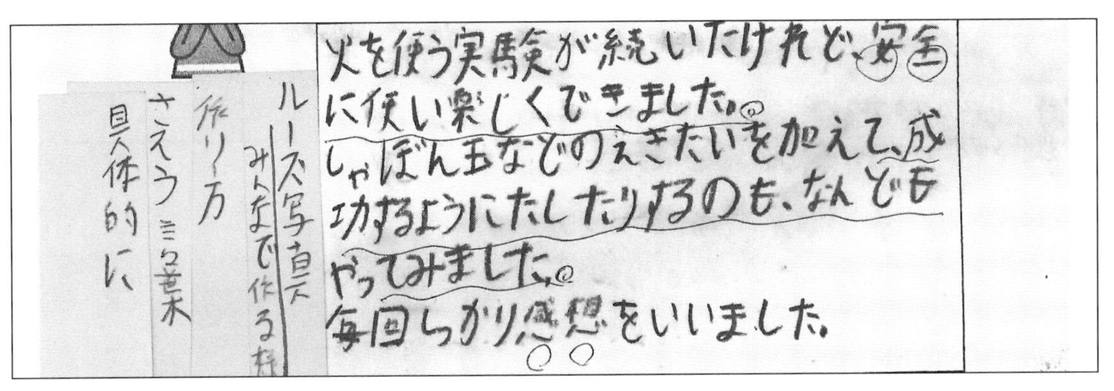
火を使う実験が続いたけれど、安全に使い楽しくできました。
しゃぼん玉などのえきたいを加えて、成功するようにたしたりするのも、なんどもやってみました。
毎回しっかり感想をいいました。

K児の1次表現のクラブの紹介文

【題名】協力しながら仲よく〈科学実験クラブ〉
【伝えたいことの中心】協力して実験しながら、知らなかった人と仲よくなれる

科学実験クラブは協力して実験しながら知らなかった人と仲よくなれるというよさがあります。

左の写真は、最後に感想を言っているところです。ここでは楽しかったことやこれからやってみたいことを発表し合います。

クラブでは、はんの人と協力して実験したり成功するために工夫したりします。かたづけも手分けしてすばやくします。こうやって協力することで、おしゃべりしながら楽しく、また、知らなかった人と仲よくなっていきます。

また、実験の中でも協力していきます。左の写真はアイスキャンディを作っているところで、今凍らせているところです。作り方は、まず試験管にジュースを入れてわりばしを一本さします。次にビーカーに水と氷と塩を手分けして入れ、その中にジュースを入れた試験管を凍らせると完成です。冷凍庫を使わず、塩を使って0度以下で冷やします。科学の力でアイスキャンディを作るのです。

このように、科学実験クラブは楽しく協力しながら実験をしていく中で、今まで知らなかった人とも仲よくなるというよさがあります。おすすめのクラブです。

K児の下書きの文章（p.100を基に下書きをしたもの）

（高橋　亮子）

3年生にフリップボードで紹介しよう

【時間数】全10時間・【教材名】ウナギのなぞを追って（光村図書４年下巻）

1　単元の指導目標

○事典の使い方を理解し，使うことができる。（知・技(2)イ）

○図鑑や事典などを活用して調べることを通して，読書が必要な知識や情報を得ることに役立つことに気付いている。（知・技(3)オ）

○目的を意識し，その目的に合う中心となる語や文を文章中から見付けて要約することができる。（読むこと　ウ）

○自分が興味をもって調べたことを説明するために，図鑑や事典などを用いて必要な情報を見付けようとしたり，検索の仕方を工夫したりしようとすることができる。（学びに向かう力等）

2　単元の評価規準

知識・技能	思考力・判断力・表現力等	主体的に学習に取り組む態度
・必要な情報を得るための事典の使い方や，情報が見付からなかった場合のさらなる検索の仕方などを理解し，必要な情報を得るために用いている。（知・技(2)イ） ・図鑑や事典で調べることを通して読書が必要な知識や情報を得ることに役立つことに気付いている。（知・技(3)オ）	「C読むこと」 ・自分が興味をもったり疑問に思ったりしたことについて調べ，分かったことをまとめて伝えることに向けて，調べた事柄の中心となる語や文や，伝えたい事柄の中心となる語や文を見付けて文章を要約して伝えている。（ウ）	・自分が興味をもって調べたことを説明するために，図鑑や事典などを用いて必要な情報を見付けようとしたり，検索の仕方を工夫したりしようとすることができる。

3 単元について

❶子供の実態と前単元までの学習の状況について

子供は，自分が伝えたいことや疑問に思ったことを図鑑や本を用いて調べる活動を積み重ねてきた。「動いて，考えて，また動く」では自分が興味をもったスポーツ選手の練習や競技における工夫を調べた。また，「アップとルーズで伝える」では，自分が紹介したいことを焦点化して複数の本から情報を得て説明をしていく活動を行った。「C読むこと」の指導事項「ア段落相互の関係に着目しながら，考えとそれを支える理由や事例との関係などについて，叙述を基に捉えること」については既に学習済みであり，子供に身に付きつつある。本単元では，目的を意識して，中心となる話や文を見付けて要約する学習を行う。

❷指導について

本単元の導入に先立ち，ゲストティーチャーの話を聞き，興味をもって図鑑や科学読み物等で確かめようとする意欲を高めさせ，ウナギと比較しながら，他の動物にも興味が向けられるようにする。学習のゴールは，ニュースフリップを作って３年生にニュース番組をしているように紹介することから，実際のニュースの番組の映像を見て，難しいニュースを分かりやすく要約している姿を通してその工夫について考える。資料をどのように活用するのか，また，分かりやすく伝えるために必要な要約の方法について学び，自分が興味をもった科学読み物や資料を３年生に分かりやすく伝えるという明確な目的意識と相手意識をもって調べ学習を行わせる。その際，下学年に分かりやすく伝えるために自分が十分に理解をする必要があること，さらに相手に伝わる易しい言葉にしなければならないことなどに気付かせたいと考えた。

新学習指導要領対応ガイド

❶目的を意識して要約できるようにするための指導の工夫

指導事項ウに「目的を意識して」とあるように，要約の指導では，目的に照らして中心となる語や文を見付けられるようにすることが重要です。中心となる語や文は固定的に決められているのではなく，目的に応じて変わってくるからです。同じく指導事項ウに「中心となる語や文を見付けて」とあるのも，最初から決まっている語や文を「捉える」のではなく，読み手の目的を意識して「見付け」る必要があるからです。そこで本事例では，興味をもったことを伝えるために要約するという目的を位置付けています。

❷要約する必然性のある言語活動の設定の工夫

要約する必然性を高めるために，本事例では「フリップボードで紹介する」という言語活動を位置付けています。フリップは限られた広さの中で端的に伝えるという特徴をもっていますので，要約の指導にふさわしいものとなっています。このような指導のねらいに応じた言語活動の選定が重要になります。

4　言語活動とその特徴

❶当該単元に位置付ける言語活動

本単元では，自分が興味のある生き物について情報を収集し，それをニュースのフリップにまとめ，３年生に紹介していくという言語活動を行う。自分が興味のある生き物について書かれた書籍や資料を読み，その中で特に３年生に「伝えたい」「教えたい」ことを見付け，要約した後に調べて分かったことについての自分の考えをニュースキャスターのように伝えていく。

❷言語活動がもつ特徴

本単元で子供が作る「学べるニュース」フリップは，両面構成となっている。表面は，前単元の「アップとルーズで伝える」で学んだ絵や写真と解説する言葉を結び付ける形にしている。「ルーズ」で生き物の全体を絵や写真で表し，「伝えたい」「教えたい」ところは「アップ」にして拡大した絵や写真を貼る。また，裏面には，自分が友達に伝えるために必要な情報を図鑑や辞典・事典等の書籍や資料から見付けて要約し，そこに調べて考えたことをまとめたワークシートを貼る形になっている。

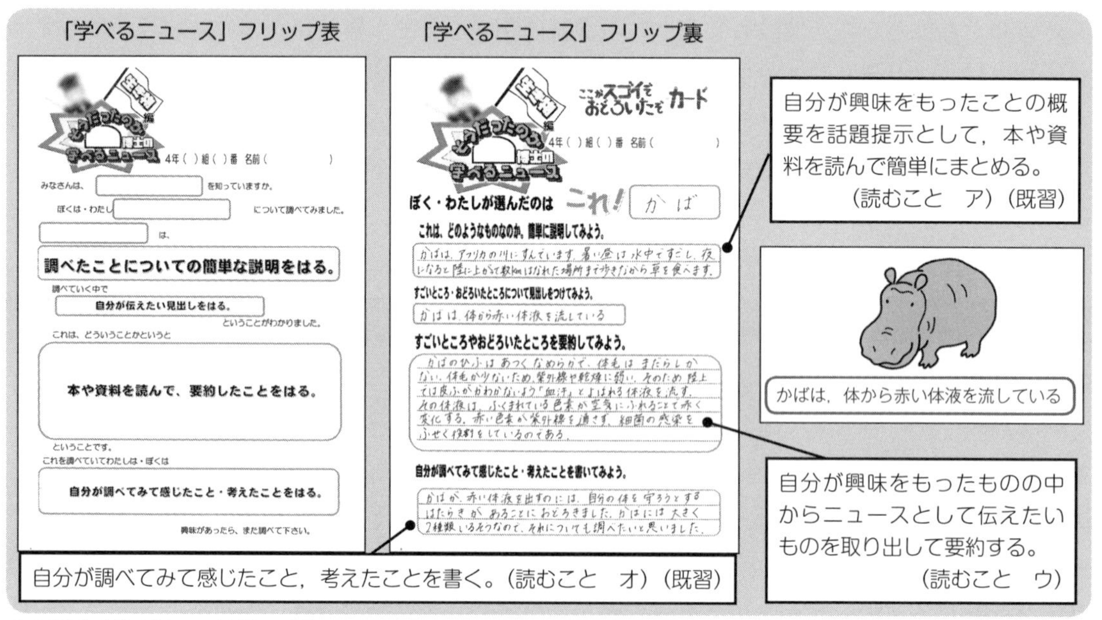

❸言語活動がもつ特徴と単元の目標の関わり

このフリップボードを作るためには，複数の本や資料から自分にとって必要な情報を読み取る必要がある。これは「Ｃ読むこと」の指導事項「ウ　目的を意識して，中心となる語や文を見付けて要約すること」の実現につながる。また，要約された文の中から交流の中で疑問に思ったことを出し合うために，複数の書籍や資料にあたらせていくこともねらっている。これは〔知識及び技能〕⑶「オ　幅広く読書に親しみ，読書が，必要な知識や情報を得ることに役立つことに気付くこと」を実現するのにふさわしい言語活動だと考えた。

5 単元の指導計画（全10時間）

第0次

・生き物の本から自分が興味ある事柄を見付ける。

・本や資料を読み，フリップボードを作るのに必要な部分に付箋を貼らせる。

・付箋を貼ったところをみんなで書き出し，交流する。そして「調べたいこと」「知りたいこと」を決める。

第1次

①教師が作ったお手本を見て，言語活動の見通しをもたせ，興味のある謎について学べるニュースフリップを作って３年生にその謎を伝えるという学習のゴールを把握する。

・ニュース番組の中でフリップボードを使って説明している映像を見て，その工夫を知り，第３次への相手意識・目的意識をもつ。

第2次

②③教科書教材「ウナギのなぞを追って」を読み，ウナギの生態について疑問を出しながら内容をつかむ。

④⑤ウナギや自分の調べたい生き物の概要について調べて書き，見出しを考える。

⑥教科書教材「ウナギのなぞを追って」を読み，自分が興味をもったところを説明する文章を書く。

⑦⑧自分が伝えたい事柄について本や資料を読み，説明する文を書く。（本時⑦）

⑨自分の伝えたいことを，図鑑や本を参考にしながら，絵図・グラフや表などを入れた工夫した「フリップボード」を作る。

第3次

⑩ニュースキャスターになって，番組ごと（調べた内容がかぶらないようにグループ分けをした番組ごと）に３年生へフリップボードを使って紹介する。

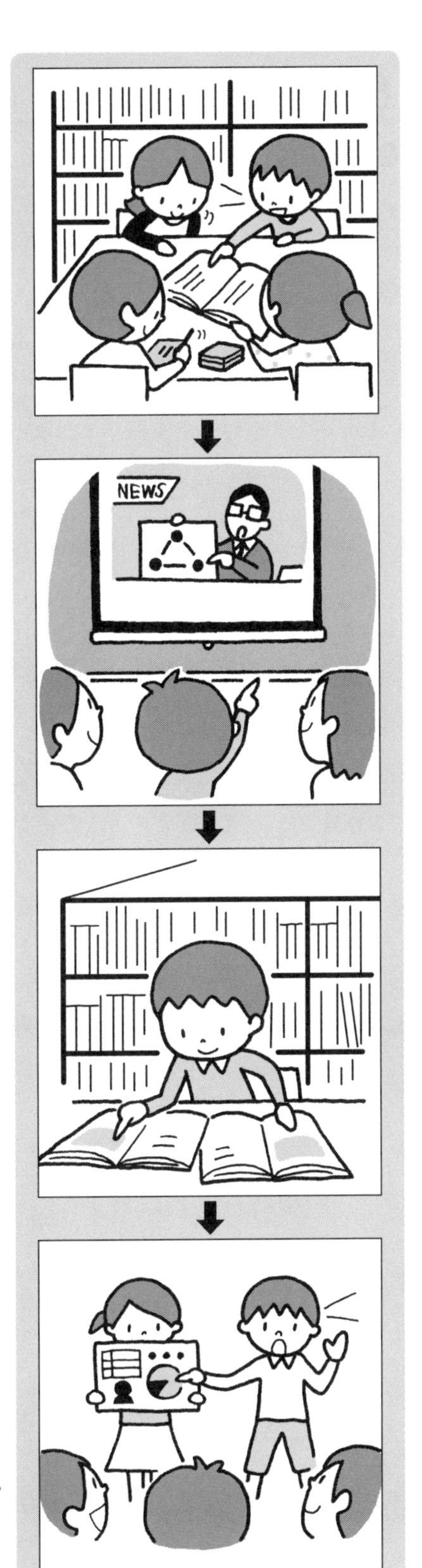

6 本時の学習（本時７／10時）

❶本時のねらい

自分が伝えたい生き物の謎について，資料の文章から中心となる語や文を見付けて要約する。

（読むこと　ウ）

❷本時の展開

時間	学習活動	主な発問（○）と指示（△）	指導上の留意点（・）と評価（◇）
3分	1．前時までを振り返る。	○単元のゴールを確認します。フリップボードは，何で構成されていますか。 ○前時は，「ウナギのなぞを追って」の伝えたいところを要約しました。	・前時までの学習事項を想起させるようにする。
1分	2．本時のめあてを確認する。	○今日は，自分の生き物で要約し，交流を重ねていきましょう。	
	伝えたい生き物の謎や秘密が，より伝わる要約になるように交流していこう。		
7分	3．本時の学習の方法を確認する。	○自分の興味があるところを中心に要約をした後，友達に自分が伝えたいところを紹介し，分かりにくいところがないか交流していきましょう。 〈要約のポイント〉 △段落から，自分が伝えたい興味のある中心的な文を見付ける（これを結論とする）。 △自分が友達に説明するのに必要と思われる部分に線を入れる。 △難しい言葉を，分かりやすい言葉に変える（知らない言葉は，調べて変える）。	・学習で取り組んできた要約するためのヒントを掲示し，教科書教材「ウナギのなぞを追って」を使い，ヒントを確認するようにさせる。
7分	4．自分が集めた資料を出し，必要な言葉や文章に注目し，要約していく。	○確認した要約のポイントを意識して資料を読みましょう。その後，要約をしていきましょう。 △大事なところに線を入れる。付箋が貼られているところを中心に読み進める。迷ったら，前後のページを確認し，もう一度読むようにする。	◇科学読み物等を読んで，自分が必要だと思うところについて要約する。（読ウ）（ワークシート，付箋）

12分	5．要約したことをグループで交流する。	○友達がどんなことをどのように要約していたのか気になりますね。お互いで紹介し合いましょう。 △3年生にとって分かりにくい言葉や文章がないかを考える。	・交流する中で，はっきりしていなかったことをはっきりさせるために行うことを認識する。
7分	6．交流したことを基に要約を修正する。	○交流をして，3年生に伝わらないところや書き足していかないといけないところがあったと思います。その部分を修正していきましょう。 △分からないことや修正部分を図鑑や事典でさらに調べる。	・図鑑や事典・辞典等を用意し，調べる環境をつくる。
5分	7．全体で交流する。	○友達からアドバイスを受けたことから修正してよかったことを紹介し合いましょう。 △グループで交流する中で，修正したところについて全体に紹介する。	・友達が発表したことを参考に，自分の要約と比べて聞く場を設定する。
3分	8．本時の学習のめあてと今日の活動を振り返る。	○皆さん，友達の要約はどうでしたか。 ○友達の要約を聞いて，自分の要約のヒントになったことはありましたか。次回は，さらに交流を重ねながら要約を完成させていきたいと思います。	・振り返りの視点として，友達の要約について分かりやすい表現を見付けることを視点とする。 ・次時の意欲につながるようにする。

❸本時の板書例

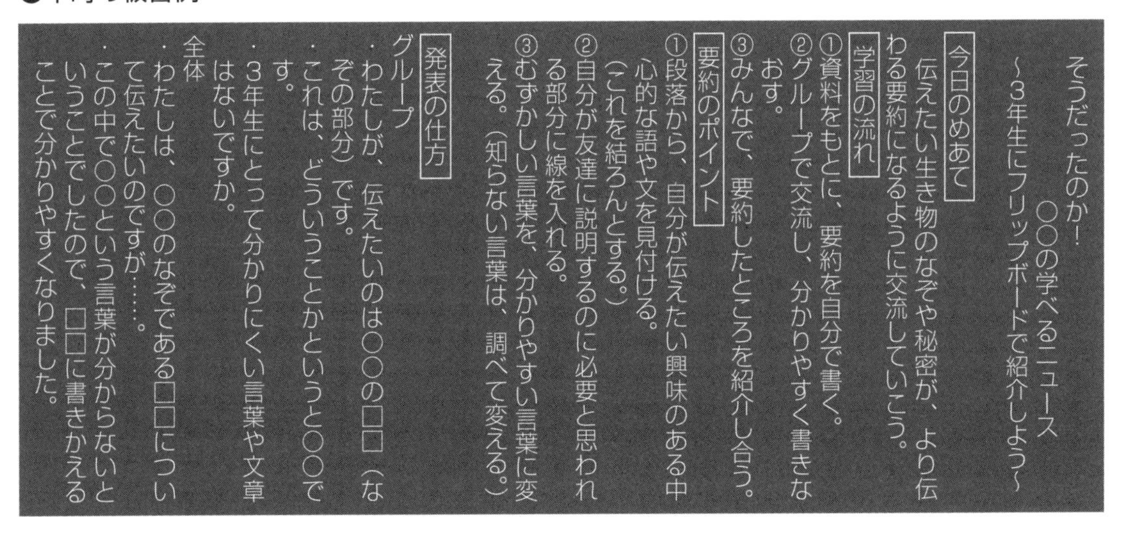

7　主体的・対話的で深い学びにつながる指導と評価のポイント

❶指導のポイント

外部との連携（ゲストティーチャーと並行読書）

ゲストティーチャーを招いて「ウナギ」についての話を聞き，興味をもたせる（図１）。教科書には，書かれていないことも知ることで，学習のより深い理解と「ウナギ」から他の生き物への興味をもたせる。

その後，すぐに興味をもった生き物を調べられるように並行読書用の本を地域の図書館から借りてそろえる。

図１

興味があることを付箋に書き，自分の課題を決定する

自分が興味あること（豆知識になりうるもの）を調べ，付箋に書く（図２）。それを班のワークシートに貼って情報を集め，その中から一番興味のある内容を選ぶ（図３）。

図２

牧草地はミミズが作る。

図３

指導計画を掲示する

教師のお手本で説明しながら，単元全体を見通していけるように子供が分かる学習計画を掲示する（図４）。

毎時間，言語活動の確認と毎時間のねらいを掲示することで，今日することやいつまでにするのかが分かり，子供が迷わずに授業に取り組むことができるようになる。

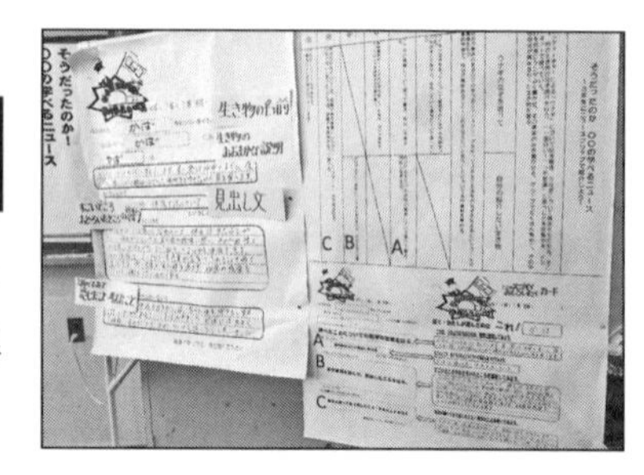

図４

実際のニュース番組を見て，その工夫や分かりやすく伝える方法を知る

「学べるニュース」「フリップボードで３年生に伝える」というめあてに向けて実際のニュースを見て，その工夫を理解する（図５）。

そのことで，調べたことをどのように伝えるのかのイメージをもって取り組ませる。

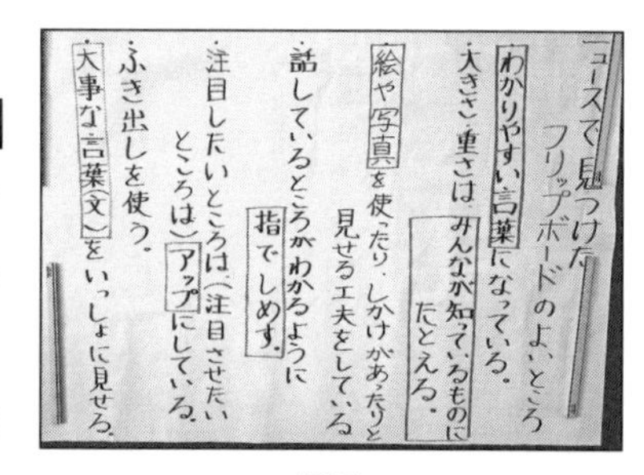

図５

見出し文を作り，それを結論として要約を考える

・「おどろいたこと」「すごいところ」が入っているのかを確認し，自分が伝えたい興味のある中心文を見付ける（これが結論とする）。

・結論を見出し文でまとめる。見出し文の基本の形は次ページの３つの書き方を基本とする。

①【ア】は【A】である。
②【A】つまり【A'】。
③【ア】は【A】だが【イ】は【B】だ。
・結論を説明するのに必要と思われる部分に線を入れる。
・難しい言葉を，分かりやすい言葉に変える。
・長い文章になっている場合は，自分が説明するために必要な言葉だけを取り出してみる。

❷評価のポイント

第7・8時は「C読むこと」の指導事項ウに重点を置いて指導に当たった。

評価規準［読ウ］…自分が興味をもっていることについて，様々な資料を使って調べ，目的を意識して，中心となる語や文を見付けて要約している。

この評価規準に照らし，次のような状況の子供を「おおむね満足できる」（B）と判断し，さらに調べたいことや知りたいことについて自ら図鑑や事典に手をのばし，新たな視点や疑問をもって調べて要約している場合は「十分満足できる」（A）であると判断した。

【Bの状況】…図鑑や本・資料を読んで，フリップボードを作るときに必要な内容に付箋を付ける。付箋を付けたところを「まとめカード」に書き，要約する。
【Aの状況】…知りたいことについて複数の資料から情報を見付け出し，見付けた情報からさらなる疑問をもって調べ要約している。

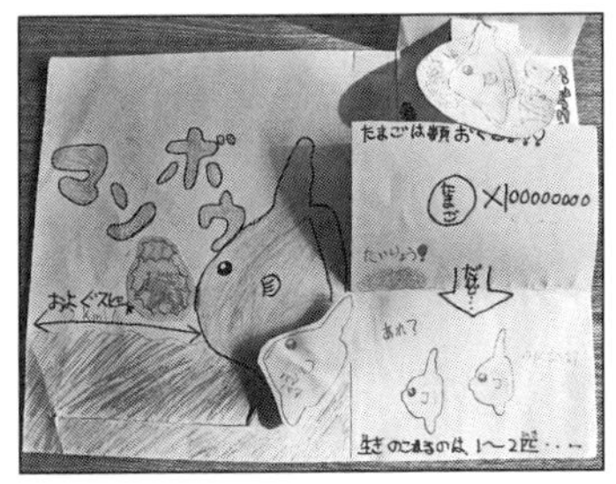

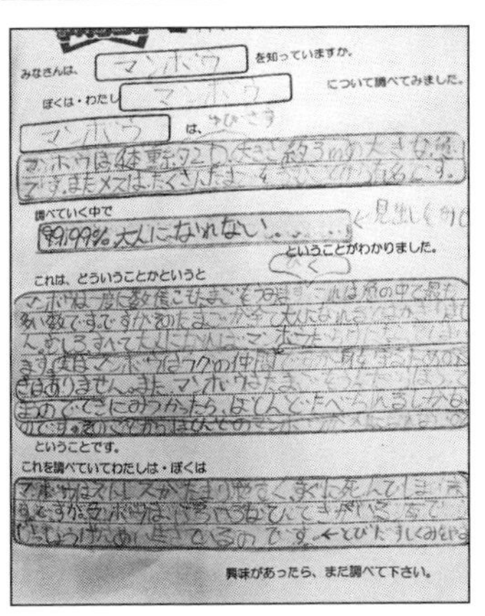

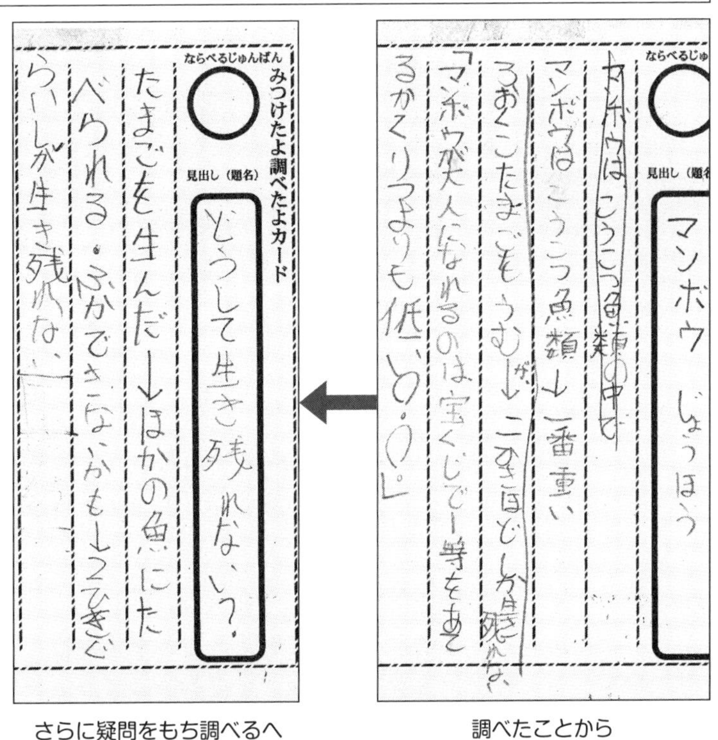

さらに疑問をもち調べるへ　　調べたことから

（太田　誠）

くらしを助ける「ゆめのロボット」を紹介しよう！

【時間数】全11時間・【教材名】「ゆめのロボット」を作る（東京書籍４年下巻）
【学習材】アイロボット　パンフレット　セールス・オンデマンド株式会社，ドローン宅配　パンフレット　MIKAWAYA21，大和ハウスロボット事業　パンフレット大和ハウス工業

1　単元の指導目標

○指示する語句と接続する語句の役割について理解し，読んだり書いたりするために用いることができる。
（知・技(1)カ）

○読んで分かったことや考えたことをまとめるために，段落相互の関係に着目し，考えとそれを支える理由などとの関係をとらえるとともに，読んだことを基に考えをまとめたり，文章を読んで考えたことを共有し，一人一人の考え方の違いに気付いたりすることができる。
（読むこと　ア，オ，カ）

○科学的なことについて解説した本や資料に関心をもち，調べたい課題を見付けたり，情報を集めて考えをまとめたりしようとしている。（学びに向かう力等）

2　単元の評価規準

知識・技能	思考力・判断力・表現力等	主体的に学習に取り組む態度
・指示する語句と接続する語句の役割について理解し，読んだり書いたりするために用いている。（知・技(1)カ）	「C読むこと」 ・読んで分かったことや考えたことをまとめるために，段落相互の関係に着目し，考えとそれを支える理由などがどこにどのように書かれているかをとらえている。（ア） ・調べたことを発表するという目的に基づいて，文章の内容や構成の工夫などについて考えをもっている。（オ） ・文章を読んで考えたことを共有し，一人一人の考え方の違いに気付いている。（カ）	・科学的なことについて解説した本や資料に関心をもち，調べたい課題を見付けたり，情報を集めて考えをまとめたりしようとしている。

3 単元について

❶本単元に関わる子供の言語経験や言語能力の育ち

本学級の子供は，「C読むこと」に関して，1学期には，段落同士の結び付きを考えて文章のまとまりをとらえることを学習した。その際に，目的を意識した深い学びとなるよう助け合って生きる生き物を紹介するリーフレットを作成する言語活動を行った。

2学期には，身の回りにある様々な文章を読むときには，目的に応じた表し方の違いに目を向けることや，引用や要約をすることで書き手の考えや説明を分かりやすく伝えることができることを学習している。その際には，学校行事で自分たちが行う活動を紹介するために，相手と目的を意識しながらポスターと説明書を作る言語活動を行った。

このように，説明的な文章の構造と内容の把握及び精査・解釈に関して，目的を意識して，中心となる語や文をとらえるなどして段落相互の関係を押さえることや，事実と意見との関係を押さえて読むことを学習してきている。

❷本教材の言語的価値

本教材は，インタビュー記事と説明文という形式の違う２つの文章を関連付けて読むという構成になっている。本教材との出合いから，「ロボット」というものについての考えを広げ，これまでと違ったものの見方や新しい発想を生み出すことが期待できる。また，子供がくらしを助けるロボットに興味をもち，目的をもって本教材の文章構成をつかみ，さらに論理的な構成を意識しながら説明文を読むことや，多様な種類の文章を読んで情報を得ることに適した教材であると言える。

新学習指導要領対応ガイド

❶情報を活用することを見通した構造と内容の把握の指導

本事例では，ねらいの一つに「ア　段落相互の関係に着目しながら，考えとそれを支える理由や事例との関係」などをとらえて読むことがあります。この指導事項は，無目的に内容を段落ごとに読み取ることを意味するものではなく，あくまでも文章を解釈したり，自分の考えを形成し，共有したりするための前提となるプロセスで働く資質・能力を示したものです。そのため，単元の導入ではポスターセッションという言語活動を見通せるようにしています。

❷子供の思考や判断を促すための本時の学習過程の工夫

学習のめあてとしては言語活動全体を意識できるようにしていても，本時の教材文を読む学習では，教材文を読み取ること自体が目的になってしまいがちです。そこで本事例では，本時の学習活動４として，教材の構成の工夫から学んだことを，自分の表現に生かすための交流による学習活動を位置付け，「自分はどう表現するのか」を考えられるようにしています。

4　言語活動とその特徴

本単元では，言語活動として「くらしを助ける『ゆめのロボット』を紹介する」活動を設定した。ここでは，開発者の思いや願いが込められたロボットについて，教材文の構成から論理的な説明の工夫を見付けて読み，それを活用してポスターセッションで紹介する。ポスターセッションとは，まとめた情報や考えをポスターにして，その内容を説明し，その後協議するものである。ここで用いるポスターには，下の写真のように，条件①～④の内容を情報として入れることとする。

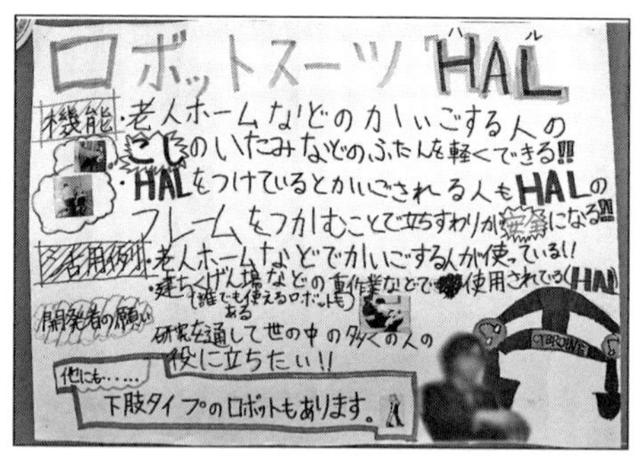

ポスターセッションは，使用するポスターを作成するために，資料から重要な情報を見付け，１枚の紙にまとめる必要がある。また，発表者として聞き手に分かりやすい論理的な説明をすることも求められる。さらに，発表後すぐに質疑応答ができるため，自分の考えを深めたり，新たな視点をもったりすることも期待することができる。

成果物に含ませる条件①
紹介するロボットの名前

成果物に含ませる条件②
機能
→そのロボットには，どのような機能がついているのか。
複数ある場合はそれらを箇条書きで書く。

聞く人が分かりやすいための工夫をする。
・絵や図を用いて視覚的な理解を促す。
・活用例から未来への可能性に言及する。 等

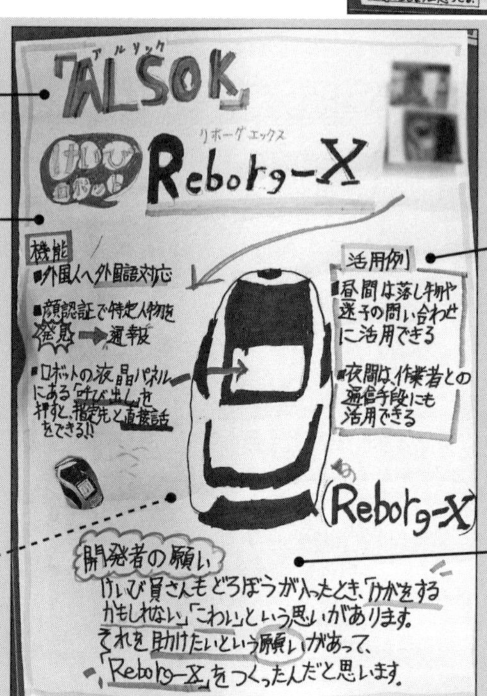

成果物に含ませる条件③
ロボットの活用例
→条件②で書いた機能を使って，私たちのくらしを助けるために，どのようにして活用されているのかを書く。

成果物に含ませる条件④
開発者の願い
→なぜこのロボットを作ろうと思ったのか，どんな人を助けようとしているのか等，開発に至った経緯を書く。

5　単元の指導計画（全11時間）

第1次

学習計画を立てよう

①「『ゆめのロボット』を作る」という題名から，自分のゆめのロボットを自由に想像して交流する。

・ポスターセッションの形式で交流する。

②くらしを助けるロボットについて知る。

③学習計画を立てる。

・くらしを助けるロボットを紹介するというめあてに向けて，並行読書を始める。

第2次❶

「ゆめのロボット」の説明に向けて，説明の工夫を学ぼう

④説明の工夫を見付けるために，教材文を通読する。

⑤説明の工夫を見付けるために，インタビュー形式の文章を読んで要点をまとめる。

⑥説明の工夫を見付けるために，教材文の説明されている文章を読んで要点をまとめる。

・並行読書した本や資料を基に，自分が説明したい内容を決める。

第2次❷

⑦本論の組み立てを考え，説明の工夫を見付け，自分の表現にどう生かすか考える。　（本時）

・どんなロボットか　・ロボットの働き

・活用例　・願い（理由）

⑧教材文の構成や工夫をまとめ，自分たちの説明への見通しをもつ。

第3次

自分が選んだ「ゆめのロボット」を紹介しよう

⑨並行読書して集めてきた材料を基に，自分が選んだロボットの紹介に必要な構成メモを作る。

⑩ポスターセッションの準備・練習をする。

⑪自分が選んだロボットをポスターセッションで交流し，学習全体を振り返る。

連続する子供の意識　くらしを助ける「ゆめのロボット」を紹介しよう！

6　本時の学習（本時７／11時）

❶本時のねらい

教材文の構成を話し合う中で，開発者の願い（理由）を書くことの効果など，自分の表現に生かしたい工夫を見付けることができる。　（読むこと　オ）

❷本時の展開

時間	学習活動	指導上の留意点（・）と評価（◇）
５分	１．前時までの学習を想起し，本時の課題をつかむ。	・前時までに学習した内容を確認する。
	着るロボットの説明から，分かりやすい説明の工夫を見付けよう。	
10分	２．自分のポスターセッションでの説明に向けて，説明の工夫を考えるために，教材文のマッスルスーツの説明の構成をつかむ。 ・どんなロボットか（名前） ・ロボットの働き（機能） ・活用例 ・願い（理由）	・本時の目的を明確にして音読させる。 ・板書を工夫することで視覚的に理解できるようにする。 ・自分たちの紹介に生かせるように，書いている内容を一般化した形でつかむことができるようにする。
15分	３．自分のポスターセッションでの説明に向けて，説明の工夫を考えるために，構成に「願い（理由）」があることの効果を話し合う。 ・願いがある方が，働きや活用例が分かりやすい。 ・願いは筆者の主張と関係がありそうだ。 ・願いや理由がある方が，説得力がある。	・既習の「広告と説明書を読み比べよう」で学習した説明書と比較し，気付きを促す発問を投げかける。 ・着るロボットが開発された背景に着目させ，開発者の願いをどう考えるか明らかにさせる。 ・願い（理由）を書く効果を話し合うことで，その有効性に気付かせる。 ・自分たちのロボットを紹介するときの観点としてまとめる。

10分	4．教材の構成の工夫から学んだことを自分の表現に生かすため，自分たちが選んだ「ゆめのロボット」にはどんな願いが込められているかを話し合う。	・同じロボットを選んだグループで話し合わせる。 ・交流の役割を意識して話合いをさせたい。 ・自分たちが選んだ「ゆめのロボット」の，機能と活用例から願いを考えさせる。 ・資料から見付けた場合は，既習事項である引用することを想起させる。	◇開発者の願い（理由）を書くことの有効性に気付き，自分の選んだロボットでもその工夫をどう生かしていくかを考えている。 （読オ） （観察・ノート・発言）
5分	5．本時を振り返り，次時の学習内容を確認する。	・視点を明確にして振り返りをさせる。 ・次時の予告をする。	

❸本時の板書例

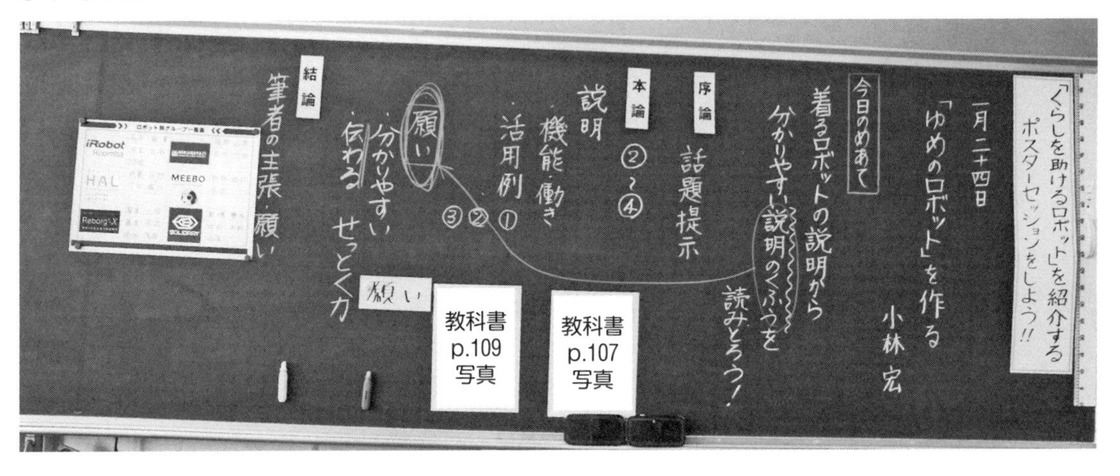

7　主体的・対話的で深い学びにつながる指導と評価のポイント

❶指導のポイント

指導に当たっては，まず子供たちがもつロボットに対する認識と本教材で扱うロボットに対する認識の違いを意識させる。そのために第1次では，自由に「ゆめのロボット」を想像した上で，本教材で扱うロボットの概要を理解するとともに，現存するくらしを助けるロボットに対する興味付けを行う。様々なロボットを知る中で，それぞれが興味をもったロボットをポスターセッションで紹介し合うという活動を，本単元の出口として設定する。

第2次では，本教材「『ゆめのロボット』を作る」を読み深めながら，ポスターセッションで紹介するために必要な観点を考える。具体的には，どんな人のためのロボットなのか（開発に至った経緯），そのロボットの使い方の具体例，発展的な使い方，開発者の願いなどを読み取り，構成を工夫して論理的な紹介ができるようにする。特に，開発者の願いを観点に加えることで，説明が分かりやすくなるとともに，説明に説得力をもたせることに気付かせる。

第3次では，第2次で学習した観点を生かして，ポスターセッションの形で紹介し合う。聞き手は，分かりにくいことや疑問に思ったことを質問し，発表者と意見を交換することで，互いに考えを深めることができると考える。さらに，多様な感じ方や考え方があることを大事にしながら進んで読書をすることで，今後の読書生活が広がることを期待している。

明確な目的意識

→この単元でどんな力を付けるのか，何ができるようになるのかを常に意識させ，毎時間のそれぞれの活動を何のために行うのかを明確にすることで，楽しみながら主体的な学習をさせた。

並行読書材選定のポイント

→自分が考えたロボットで単元を進めることもできるが，ここでは実際にあるロボットに限定することで，子供の興味・関心をより高めることができた。それを原動力として，第3次までの連続した意識をもって学習に取り組ませた。また，並行読書材として，各企業が出しているパンフレットやプレゼン資料を選び配付することで，「私のロボット」という意識をもって学習に取り組ませることができた。

学習の「見える化」

→毎時間の板書は，教材文の読み取りだけでなく，それを一般化して第３次の言語活動につながるようにした。

学習計画は，学習の流れを常に意識させ，学習していることが何につながっているのかを意識させるとともに単元のゴールを意識できるようにした。

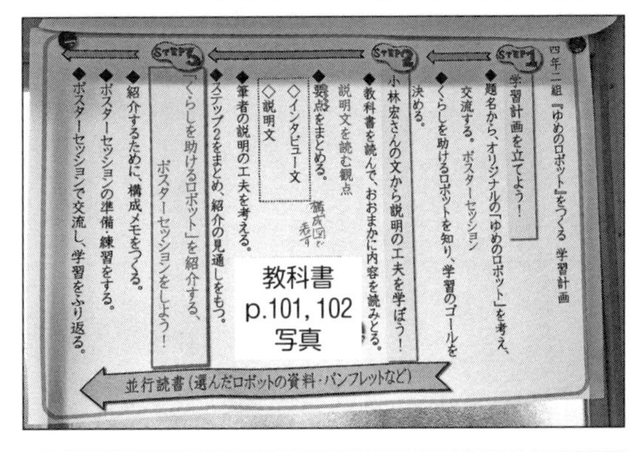

全文掲示等の壁面掲示で，既習事項を視覚的に振り返らせた。また，子供にとって学習のヒントとなるように工夫することで，支援を要する子供も積極的に学習に参加することができるようにした。

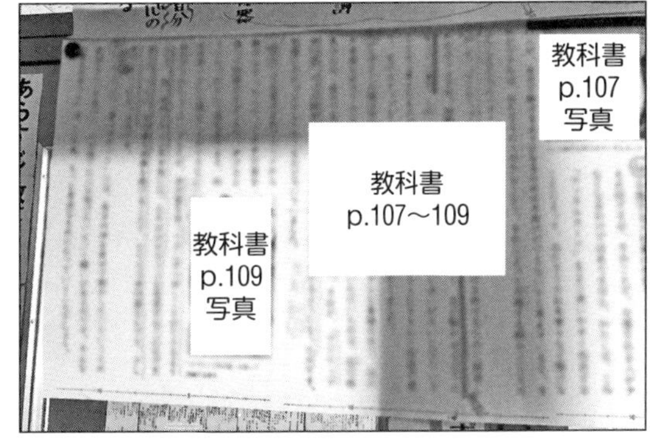

学びを深める対話

→交流をする際に，その交流の目的や自分の役割を明らかにすることで，対話的で深まりのある学習になるように習慣化する。

❷評価のポイント

成果物の評価に当たっては，自分たちが説明するための文章の構成や，ポスターに含ませる条件を明確にすることで，子供が対話の中で相互評価し合い，さらにレベルアップできるようにした。

それを基に，発表原稿，作ったポスター，発表内容などから評価を行うことで，妥当性と信頼性の高い評価ができるようにした。

（寺田　路生）

登場人物の気持ちの変化を読んで，紹介カードにまとめよう

【時間数】全12時間・【教材名】ごんぎつね（光村図書４年下巻）
【並行読書材】手ぶくろを買いに（偕成社）他，新見南吉作品

1　単元の指導目標

○様子や行動，気持ちとその変化や性格などを表す語句の量を増し，文章の中で使うことを通して，語彙を豊かにすることができる。（知・技(1)オ）
○同一作家の作品から好きな作品を選んだり，心に残る叙述を見付けたりすることを通して読書への興味や関心が広がる楽しさを味わうことができる。（知・技(3)オ）
○登場人物の性格や気持ちの変化，情景について，場面の移り変わりと結び付けて具体的に想像することができる。（読むこと　エ）
○読んだ作品のよさを紹介することに関心をもち，心に残る叙述やそのわけを明らかにするために繰り返し読んでそのよさを味わったり，自分の心に残る一冊をもとうとしたりすることができる。（学びに向かう力等）

2　単元の評価規準

知識・技能	思考力・判断力・表現力等	主体的に学習に取り組む態度
・様子や行動，気持ちとその変化や性格などを表す語句の量を増し，紹介する際に使うことを通して，語彙を豊かにしている。（知・技(1)オ） ・同一作家の作品から好きな作品を選んだり，心に残る叙述を見付けたりすることを通して読書への興味や関心が広がる楽しさを味わっている。（知・技(3)オ）	「C読むこと」 ・新見南吉作品を読み，好きな作品の心に響く叙述を明らかにするとともに，複数の場面の叙述を結び付け，気持ちの変化などを想像して，心に響くわけを明らかにしている。（エ）	・読んだ作品のよさを紹介することに関心をもち，心に残る叙述やそのわけを明らかにするために繰り返し読んでそのよさを味わったり，自分の心に残る一冊をもとうとしたりしている。

3 単元について

❶子供について

1学期の文学的な文章「白いぼうし」の学習では，登場人物の行動や会話に即しながら，登場人物の性格や気持ちの変化について場面の移り変わりと結び付けて想像して読む力（読むこと　エ）の育成をねらって指導した。その結果子供は，登場人物の行動や会話から登場人物の人柄を想像し，読むことができるようになった。しかし，断片的にとらえたことから登場人物の性格や気持ちを想像する子供もいる。そのため，本単元では，場面の移り変わりに気を付けながら，登場人物の気持ちの変化に着目して読むことに重点を置いて指導する。

❷教材及び単元構想について

教材について

本単元では，教科書教材「ごんぎつね」とともに，新美南吉作品を扱う。並行読書に選んだ新美南吉の物語は，いずれも登場人物の気持ちの変化をとらえやすいため，子供が登場人物の気持ちが変化したきっかけについて考えやすいと思われる。

単元構想について

第1次では，「自分で選んだ物語について，登場人物の気持ちの変化のきっかけを紹介するカードを作る」という課題を設定し，指導者の紹介カードのサンプルを見て学習の見通しをもつ。第2次では，「ごんぎつね」と自分で選んだ物語から，登場人物の気持ちの変化，その変化のきっかけをとらえながら読む。第3次では，登場人物の気持ちの変化のきっかけについて書かれた紹介カードをクラスの子供と読み合い，自分の考えを広めたり深めたりする。

新学習指導要領対応ガイド

❶前単元までの子供の状況を生かした指導のねらいの明確化

物語文教材ではつい「この教材はこう読み取らせる」という教材に向けた意識のみが強くなりがちですが，子供の実態を踏まえて指導のねらいを具体化することが重要です。本事例では，「3❶子供について」にあるように，前単元では登場人物の気持ちを単一の叙述からのみ想像してしまいがちな状況が見られました。そこで本単元では，複数の叙述を結び付けて，気持ちの変化やそのきっかけをつかむことを目標として設定しています。また支援が必要な子供に対しても，ねらいを実現できるようモデルを提示したり，並行読書材を適切に推薦したりするなど，きめ細かな配慮を行っています。

❷指導のねらいを子供と共有するための手立ての工夫

本単元の紹介カードは，気持ちが変化する前と後が矢印で結ばれるとともに，矢印の中には変化のきっかけを記述する形式になっています。場面ごとの読み取りではなく，複数の場面の叙述を結び付けて読むというねらいを明示しており，子供にも理解しやすくなっています。

4 言語活動とその特徴

本単元を通した言語活動として，クラスの子供に紹介するために物語文を読んで登場人物の気持ちの変化のきっかけを紹介カードにまとめる活動を位置付けた。

本単元における紹介カードとは，単に物語の場面ごとに登場人物の気持ちの変化を追ったものではなく，子供が一番心に残った場面から登場人物の気持ちの変化に着目し，その変化のきっかけについて考えことを書き表したものである。紹介カードには，

①気持ちが変化する前の登場人物の行動やせりふ

②気持ちが変化する前の登場人物の気持ち

③変化したきっかけ（出来事，台詞，行動，周辺人物などから一つ選んだもの）

④気持ちが変化した後の登場人物の行動やせりふ

⑤気持ちが変化した後の登場人物の気持ち

の５点を書く。

登場人物の行動や会話に即しながら，登場人物の性格を押さえる学習は前学年や１学期の学習でも取り組んでいるため，今回は，一番心に残った場面から登場人物の気持ちが変化したきっかけを探る活動を通して，登場人物の気持ちの変化に着目して読むことができるようにする。この言語活動を単元を通して設定することで，登場人物の気持ちの変化について読むことに必然性が生まれ，主体的に物語を読むことができると考える。

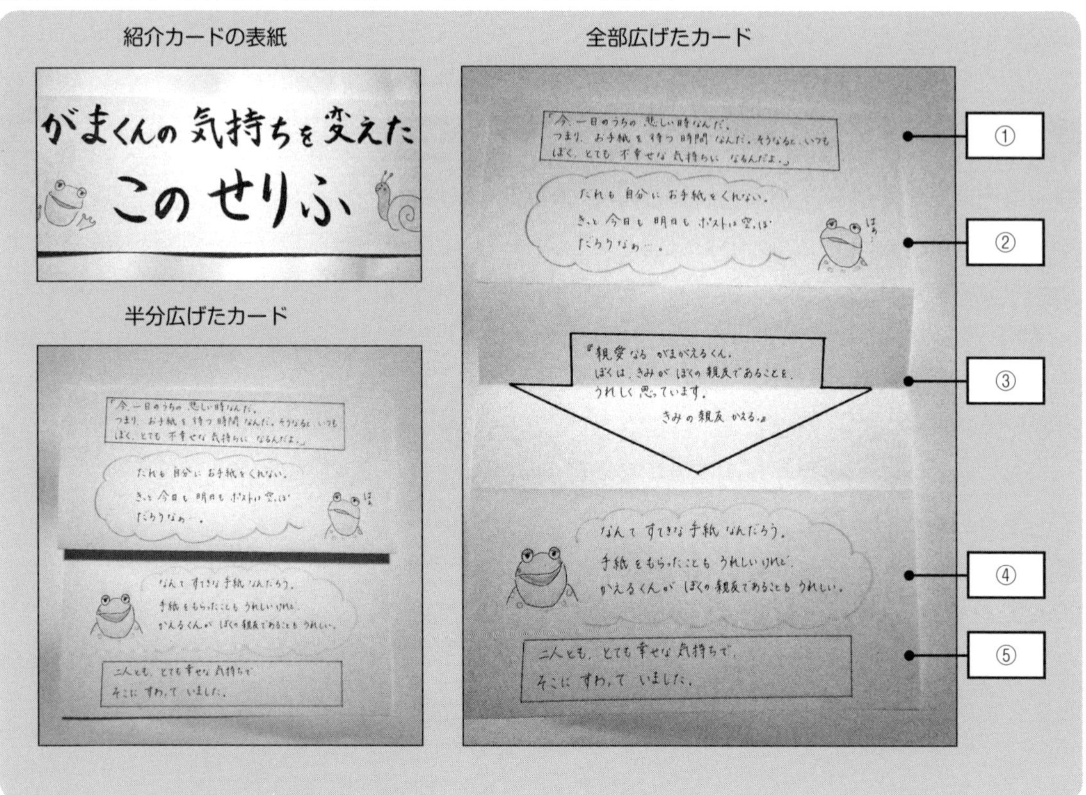

5　単元の指導計画（全12時間）

第1次

①登場人物の気持ちの変化のきっかけになった事柄を紹介カードにまとめるというめあてを設定し，学習の見通しをもつ。

②学習計画を立てる。

③自分が紹介したい物語を選ぶ。

④物語の中には，登場人物の気持ちの変化となるきっかけが複数あることに気付かせるため，既習の物語文を使って話し合わせる。

第2次❶

⑤紹介カードにまとめるために，「ごんぎつね」と並行読書教材を読み，一番心に残ったところを決め，なぜ，そこが一番心に残ったのかを考える。

⑥登場人物の気持ちの変化を深く読むため，登場人物の気持ちを想像しながら読む。

⑦どうして一番心に残ったのかを，登場人物の気持ちの変化を手がかりにして考えさせる。

⑧登場人物の気持ちを叙述を基に想像しながら読ませる。

第2次❷

⑨紹介カードにまとめるために，教材文で学習したことを生かし，登場人物の気持ちが変化するきっかけになった事柄について考える。（本時）

⑩登場人物の気持ちの変化のきっかけとなった事柄を考えるために，きっかけとして考えられる出来事や台詞，登場人物の行動を整理して板書する。

⑪主体的な学びにするため，一番心に残ったところが同じ子供同士，同じ物語を選んだ子供同士で変化のきっかけを紹介し合う時間を設ける。

第3次

⑫紹介カードを完成させ，紹介する。

6　本時の学習（本時９／12時）

❶本時のねらい

紹介カードにまとめるために，登場人物の気持ちが変化するきっかけになった事柄を見付けることができる。

（読むこと　エ）

❷本時の展開

時間	学習活動	主な発問（○） と子供の反応（・）	指導上の留意点（・） と評価（◇）
２分	１．学習を振り返り，本時の見通しをもつ。	・前の時間では，登場人物の気持ちを考えた。 ・気持ちが変わったことを確認した。	・本時では，登場人物の気持ちの変化のきっかけとなる事柄が何かを考えることを確認する。
３分	２．本時の課題の確認		
	紹介カードにまとめるために，登場人物の気持ちが変わったきっかけについて読もう。		
２分	３．気持ちが変化する前と後の選んだ場面を確認する。	・穴で考えごとをしているところ。 ・毎日のようにいたずらをしているところ。	・考えを交流しやすくするために，教材文の全文掲示に付箋を貼り，視覚的に分かりやすくする。
８分	４．ごんの気持ちがなぜ変化したのかを考える。	○ごんの気持ちが変わったきっかけは，何だったのだろう。 ・兵十のお母さんが死んだから。 ・兵十が自分と同じひとりぼっちだと思ったから。 ・加助が「神様のしわざ」と言っていたのを聞いたから。	・気持ちの変化のきっかけとなった出来事，台詞，行動，を整理して板書する。
10分	５．考えを広げるために交流をする。	○どうして，ごんの気持ちが変わったのかを同じところを選んだ人同士で紹介し合いましょう。 ・ぼくは，兵十のお母が死んだからだと思う。 ・わたしは，「ああ，うなぎが食べたい，うなぎが食べたいと思いながら死んだんだろう。ちょっ，あんないたずらをしなけりゃよかった。」という台詞のところで，ごんの気持ちが変わったと思った。	・考えを広げるために，一番心に残った場面が同じ子供同士で考えを交流する時間を設ける。 ・なぜ，ごんの気持ちが変わったのか，自分の考えを付け加えながら自由に出し合うことで，考えを広げる。 ・同じ場面を選んだ子供同士で交流することで，相手がどの点に着目したかを知る。
15分	６．自分の選んだ物語で，	○自分の選んだ物語でも，登場人物	・同じ話を選んだ子供同士でグルー

	なぜ登場人物の気持ちが変化したのかを考える。	の気持ちが変わったきっかけを見付けましょう。	プを作り，気持ちの変化のきっかけを考えさせる。 ◇登場人物の行動や会話に即しながら，登場人物の気持ちの変化のきっかけになったことがらを見付けている。　（読ウ）
5分	7．本時の学習をまとめる。 出来事や台詞，行動などが登場人物の気持ちが変わるきっかけになっていた。心に残った場面が同じでも，気持ちが変わるきっかけは違うこともある。などのまとめを書いてまとめとする。		

❸本時の板書例

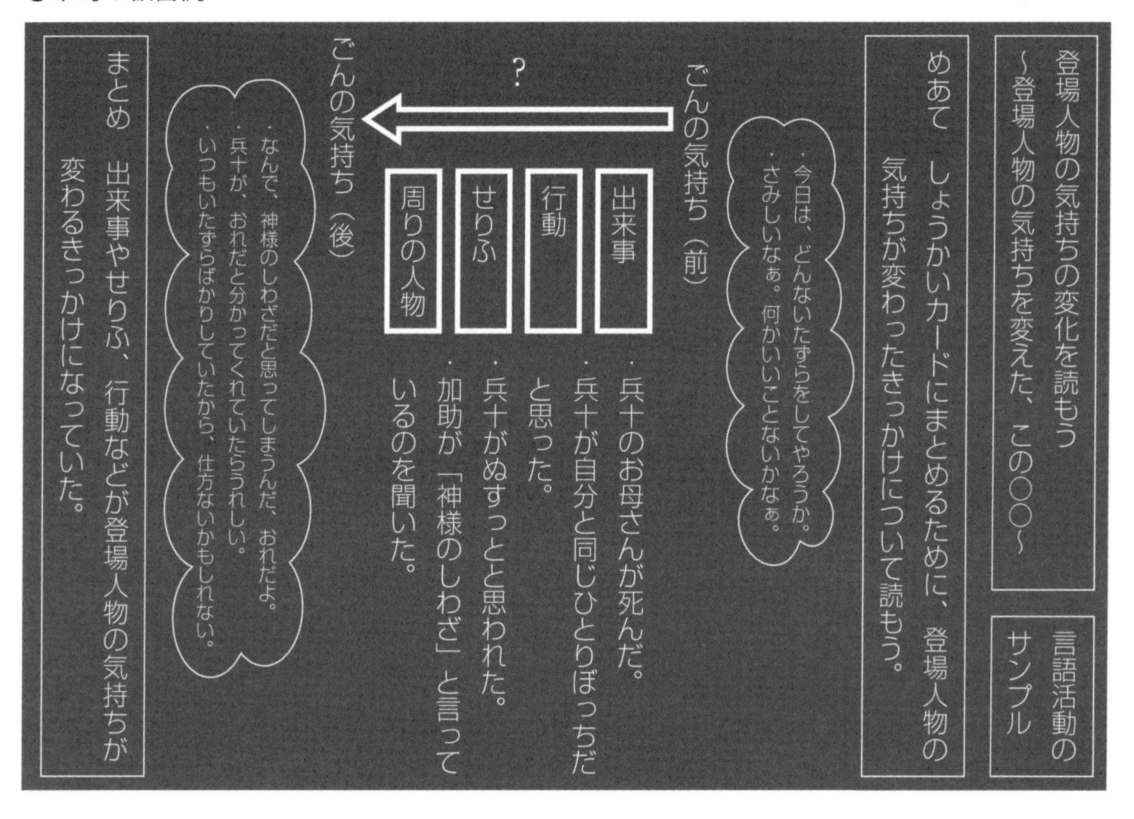

7　主体的・対話的で深い学びにつながる指導と評価のポイント

❶指導のポイント

学習計画，言語活動を子供とともに設定する

より主体的な学習にするため，毎単元，学習計画を子供に考えさせるようにしている。

本単元でも，指導者のサンプルにはなかった項目を付け加えたいという案が出てきたり，授業時数の増加が必要になったり，クラスで紹介し合うだけでなく図書室で紹介カードを掲示して全校子供に紹介するという目標に変わったりと，子供からの意見を基に学習計画を練り直すことになった。

指導者が単元の指導目標を意識できていれば，子供から出るアイデアをうまく取り入れることができ，より主体的な学びにつながると実感している。

並行読書材選定のポイント

本単元では，“登場人物の気持ちの変化”に重きを置いた授業をするため，新美南吉作品の中でも，登場人物の気持ちの変化が分かりやすい作品をこちらで４つ選んで子供に提示した。しかし，新美南吉作品で本単元の言語活動に使える作品であればこちらが提示した作品に限定することはしなかった。

別単元でもそうだが，学習意欲の高い子供へは，自分で並行読書材を見付けてくるよう助言をしている。

全文掲示と付箋の活用

本単元では，一番心に残ったところに黄色の付箋，登場人物の気持ちが変わる「前」と「後」を意識できるようピンクと水色の付箋，計３色の付箋を使用した。教材文「ごんぎつね」は教室の壁面に全文掲示をし，クラスの子供40人全員が自分の名前を書いた３色の付箋を貼り付けた。

そうすることで，話合い活動をする際に付箋を基に同じ場面を選んだ子供と話し合えたり，全体での意見交流ができたりした。

また，友達と自分との感じ方の違いに気付けるという効果もある。

支援を要する子供への手立て

第１次で学習の見通しをもつ際に，意欲がもてるよう，具体例を挙げながら言語活動のサンプルを提示することを心がけている。

本単元であれば，２年生で学習した「お手紙」（アーノルド＝ローベル著）を読み聞かせし，「誰の気持ちが，どう変わったか」を考えさせた。

並行読書材を選ぶ際には，こちらが提示した中でも最も登場人物の気持ちの変化が分かりやすい作品を薦めたり，「手ぶくろを買いに」の絵本を読ませたりした。また，グループ活動でも，支援を要する子供がより意欲的に活動できるよう，他の子供との相性を考えた。

単元の指導計画

教材文の読みと，子供自らが選んだ紹介したい並行読書材の読みを第２次で並行して学習できるようにした。

また，教材文「ごんぎつね」の読みをすぐに生かして紹介カードを作成できるよう，スモールステップで作成できる学習計画を立てた。

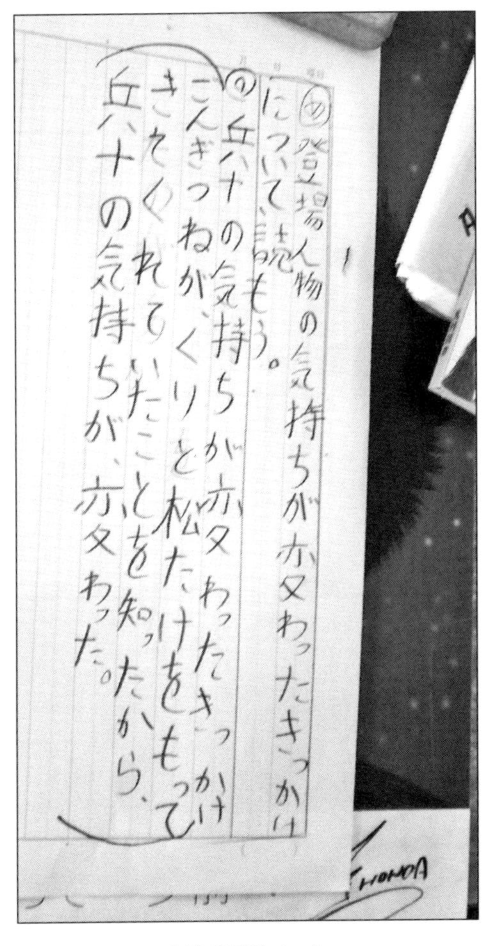

本時の授業ノート

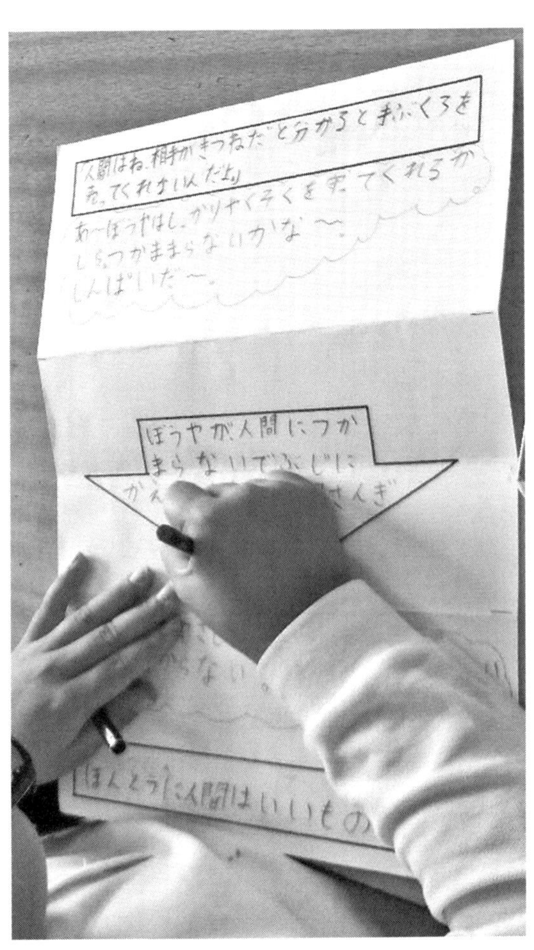

選んだ本「手ぶくろを買いに」
母ぎつねの気持ちの変化を
紹介カードにまとめている様子

（藤井　理沙）

心に残ったことを感想文に書いて交流しよう

【時間数】全８時間・【教材名】プラタナスの木（光村図書４年下巻）
【並行読書】ピトゥスの動物園（あすなろ書房）他

1　単元の指導目標

○言葉には，考えたことや思ったことを表す働きがあることに気付いたり，作品全体の大体を意識しながら音読したりすることができる。（知・技(1)ア，ク）

○文章を読んで心に残ったことなどに基づいて感想や考えをもったり，読んで感じたことを共有し，一人一人の解釈や感じ方などに違いのあることに気付いたりすることができる。（読むこと　オ，カ）

○作品に対する疑問を解き明かしたり，心に残ったところやその理由を明確にしたりするために，叙述を様々に結び付けて解釈を広げたり，友達と読みを交流したりしようとすることができる。（学びに向かう力等）

2　単元の評価規準

知識・技能	思考力・判断力・表現力等	主体的に学習に取り組む態度
・感想を共有することを通して，言葉には，考えたことや思ったことを表す働きがあることに気付いている。（知・技(1)ア） ・感想を明確にもつために，作品全体の大体を意識しながら音読している。（知・技(1)ク）	「C読むこと」 ・感想を交流することに向け，心に残ったところや疑問に思ったこと，そこから想像したことなどを明らかにするとともに，その理由について，登場人物の気持ちの変化や性格，情景などを場面の移り変わりと結び付けて具体的に想像して感想や考えをもっている。（オ） ・読んで感じたことを共有し，一人一人の解釈や感じ方などの違いのおもしろさを感じたり，その違いがどのような叙述への着目の仕方の違いから来るのかを考えたりすることができる。（カ）	・作品に対する疑問を解き明かしたり，心に残ったところやその理由を明確にしたりするために，叙述を様々に結び付けて解釈を広げたり，友達と読みを交流したりしようとしている。

3 単元について

❶子供について

4年生になり，登場人物「松井さん」の人柄をとらえて読んだ「白いぼうし」，場面の移り変わりや登場人物の気持ちに注意しながら読んだ「一つの花」，さらに前単元では，読んで考えたことを話し合った「ごんぎつね」を学習した。これらの学習を通して，登場人物の性格や気持ちの変化を読むためには，会話や行動，地の文など，気持ちが表れている文に着目し，それらを結び付けて読むことが大切だということや，話し合う学習を通して，一人一人の感じ方に違いがあることに気付くことを学んだ。本単元ではこれまでの学習を生かし，自分の体験と比べて読んだり引き寄せて考えたりしながら感想を深め，まとめる力を高めていく。

❷指導について

本単元では，同じ作品を読んでもその感想には違いがあること，その感想の違いは着目する叙述や読者の体験が関係しているということに友達との交流を通して気付かせていく。

本教材の「プラタナスの木」は，子供たちと同じ4年生が主人公の物語である。何をきっかけにして登場人物の気持ちが変化したのかがとらえやすい作品である。朝の時間を活用して，「プラタナスの木」と同様に主人公が同年代である物語を先行読書並びに並行読書することで，読書上での体験を増やしていきたい。また，実際の体験と比べて読むことで，場面の様子や登場人物の気持ちが想像しやすくなり，自分の考えをはっきりもつことができると考える。

新学習指導要領対応ガイド

❶「自分はどう読むのか」を意識できるようにするための指導の工夫

新学習指導要領では，従来以上に「考えの形成」を重視しています。物語文を解釈する際も，何が正解なのかを言い当てるのではなく，叙述を根拠に自分はどのように解釈したのかを自覚的にとらえられるようにし，読む楽しさや読み合う楽しさを味わえるようにすることが重要です。そこで本事例では，どの叙述に着目したか，どの叙述と叙述とを結び付けて想像したかによって一人一人の感じ方や解釈が異なってくることを自覚できるようにしています。本時では，全文掲示を効果的に用いて着目する叙述の違いを鮮明にしたり，並行読書材を生かして解釈の可能性を広げたりしています。

❷読書感想文を書く言語活動の目的や必要性を自覚できるようにするための工夫

読書感想文を書くことが苦手な子供も見られます。その要因は，目的や必要性を実感しにくいこと，そのために何をどのように書けばよいのかがつかみにくいことにあります。本事例では，作品に対する感じ方や解釈が一人一人異なることがあることや，その違いのおもしろさを味わうという目的性を明確にするとともに，どのように書いていくのかをモデルで示したり，学習過程に即して読書感想文を書き進められるようにしたりする配慮がなされています。

4 言語活動とその特徴

この単元では，言語活動の「感想文を書いて交流する」というゴールに向かって，３つのことを大切に指導していきたい。

１つ目は「感想文を書く」ことへの意欲を高めることである。そこで，単元の最初に，教師作成の感想文を提示した。

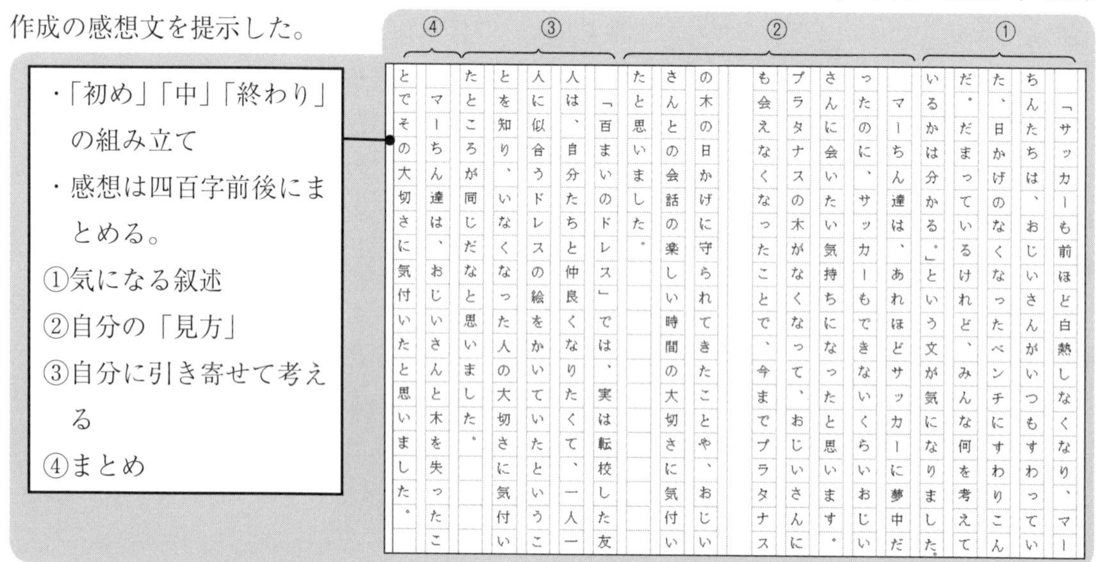

「サッカーも前ほど白熱しなくなり，マーちんたちは，おじいさんがいつもすわっていた，日かげのなくなったベンチにすわりこんだ。だまっているけれど，みんな何を考えているかは分かる。」という文が気になりました。

マーちん達は，あれほどサッカーに夢中だったのに，サッカーもできないくらいおじいさんに会いたい気持ちになったと思います。プラタナスの木がなくなって，おじいさんにも会えなくなったことで，今までプラタナスの木の日かげに守られてきたことや，おじいさんとの会話の楽しい時間の大切さに気付いたと思いました。

「百まいのドレス」では，実は転校した友人は，自分たちと仲良くなりたくて，一人一人に似合うドレスの絵をかいていたということを知り，いなくなった人の大切さに気付いたところが同じだなと思いました。

マーちん達は，おじいさんと木を失ったことでその大切さに気付いたと思いました。

２つ目は「単元構成の工夫」である。

学級の実態として感想文に苦手意識をもつ子供が多い。そこで，授業の軌跡となる「学習シート」を工夫する。

「学習シート」は学習が進むに従って感想文の形態に近づくように工夫する。学習してきたことを振り返りやすくしていくことで「感想文が書けそうだ」という自信につなげたい。

３つ目は，自分なりの考えや感想をもつために，叙述から「自分は～と考える」「自分は～だと思う」といった自分なりの「見方」をもてるようにすることである。

気になる叙述やはっきりさせたい叙述を明らかにして友達と交流することで広く深くとらえさせ，自分なりの「見方」をもたせていきたい。

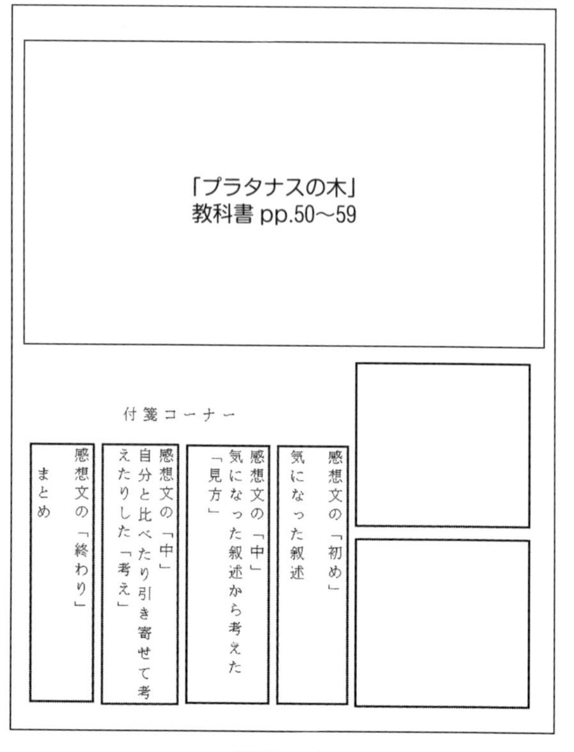

学習シート

5 単元の指導計画（全８時間）

第１次

単元の学習について，見通しと課題意識をもつ。

①②教師が作成した感想文（学習のゴール）を提示し，学習の目的を確認する。

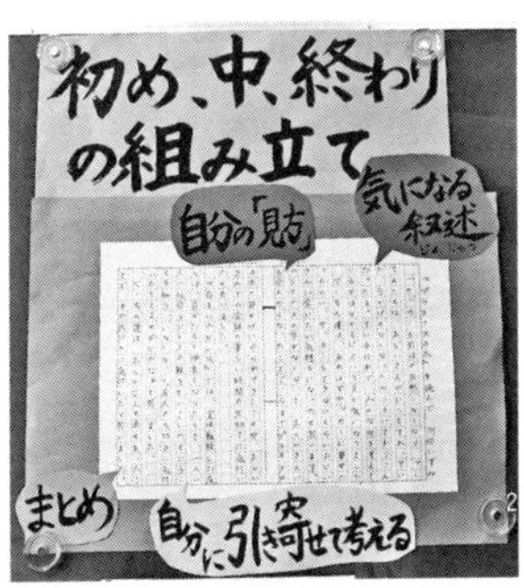

第２次❶

「プラタナスの木」の情景や登場人物の気持ちの変化について，自分の体験や考えと比較しながら読む。

③登場人物や場面の移り変わり，出来事に気を付けて読み，物語の内容のだいたいをとらえる。

④登場人物の行動や出来事を中心に物語を読み，気になる叙述を見付ける。

第２次❷

自分にも似たような体験がないか引き寄せて考えたり，並行読書の中で同じような「見方」がなかったか振り返ったりしながら，自分の考えをもつ。

⑤⑥自分の「見方」をもち，自分に引き寄せて考え，感想をもつ。（本時⑤）

第３次

「プラタナスの木」の感想文を書き，互いに感想文を読み合い交流する。

⑦⑧心に残ったことを感想文にまとめ，交流して学習を振り返る。

先行読書・並行読書

登場人物が同年代の物語を、場面や登場人物、出来事を押さえ、自分の体験と照らし合わせながら読み、読書体験を豊かにする。

6　本時の学習（本時５／８時）

❶本時のねらい

「プラタナスの木」を読み，場面の移り変わりや気持ちの変化などを手がかりに，気になる叙述に対して自分はどう考えるのかをはっきりさせることができる。　（読むこと　オ）

❷本時の展開

時間	学習活動	主な発問（○）と指示（△）	指導上の留意点（・）と評価（◇）
１分	１．本時の学習を確認する。	△今日は，「プラタナスの木」を読んで，気になった叙述に対して，自分はこう考えたという「見方」を書きます。	・前時までに，全文シートには自分の気になる叙述に線を引いている。
３分	２．気になる叙述を１つに絞り，自分の名前の付箋を全文掲示に貼る。	△見付けた気になる叙述を１つに絞りましょう。そして全文掲示のその叙述に，自分の名前を書いた付箋を貼ります。見方がだいたいできているという人はピンクの付箋に，交流して確かめたい人は黄色の付箋に名前を書きましょう。	・複数の叙述に線を引いている子供に一番気になる叙述を選択させる。
１分	３．交流の目的を確認する。	△全文掲示を見てください。「見方」がもてている人は，考えに自信をもつために，はっきりしていない人は，自分の「見方」がもてるように友達の考えを聞いたり質問したりしましょう。	・「見方」がもてていない子供には，友達と交流してはっきりさせたいことを焦点化する問いかけをする。
12分	４．交流の方法を確認し，交流する。	△気になる叙述が同じ友達と２～４人のグループになって，交流してください。自分なりの「見方」がもてるように交流しましょう。	・「見方」がもてていない子供には，友達と交流してはっきりさせたいことを焦点化する問いかけをする。 ・感じ方や考え方は違っていてもよいことを伝える。

			・付箋にメモをしながら交流させる。
8分	5．自分の見方が，はっきりしたか確認する。	○どんなことを交流しましたか。	・交流を通して，「見方」が書けたことを確認する。
10分	6．自分の見方を学習シートに書く。	△感想交流に向けて感想文を書く際の中心部の一つになるところです。自分はどの叙述を取り上げて，どのように考えたのかという「見方」を書きましょう。書くときには，どうしてそのような「見方」を考えたのか根拠が分かるように書けるといいですね。	・自分が見付けた気になる叙述に対してどんな「見方」をしたのかを書く。 ・交流していたグループごとにはっきりしたことや分かったことを発表させる。 ◇気になる叙述に対して自分の「見方」をはっきりさせることができる。 （読オ）（学習シート）
4分	7．書いたことを発表し合う。	△何人かに発表してもらいます。	・早く書けた子供同士で，さらに付箋を活用し交流する。
1分	8．次時予告をする。	△学習計画表にあるように，マーちんたちと似たような体験や，似たような話の読書体験に引き寄せて感想を膨らませていきましょう。	

7　主体的・対話的で深い学びにつながる指導と評価のポイント

❶指導のポイント

音読の充実

単元に入る前に，自分の感想がどの叙述からきているのかを明確にするために「音読カード」を活用し，20回以上の音読をしようと声かけをした。家庭で取り組んでくる子供もいれば，休み時間に友達と読み合う姿や，気になる叙述を取り上げて意見交換をする姿も見られた。

プラタナスの木

＊音読２０回！がんばろう！＊

音読カード提出で黄色シール。学校で友達に聞いてもらって緑シール。

＊同年代の物語だよ…！＊

読んだお話は、読み終わった日にちを書いてシールをはっておこう。

本の題名	読み終わった日	シール

並行読書の活用

「プラタナスの木」は，自分と比べて読んだり引き寄せて考えたりしやすい物語である。並行読書の物語もまた同様である。自分と比べたり引き寄せて考えたりするためには，子供自身の体験が大きく左右してくる。今回は並行読書をした「体験」も考える一つの手立てとする。

そのため，本に親しみ，同じ本を読んだ友達と感想を交流する場を設け，交流を経て考えを膨らませたり意欲を高めたりしていきたい。

〈並行読書で取り扱う本〉

『ピトゥスの動物園』（あすなろ書房）

『雨やどりはすべり台の下で』（偕成社）

『百まいのドレス』（岩波書店）

『雨ふる本屋』（童心社）　など

❷（本時における）評価のポイント

「プラタナスの木」を読み，気になる叙述に対して自分の「見方」をはっきりさせることができる。
A…気になる叙述に対して，場面の変わり方や登場人物の性格を根拠に，自分の「見方」をはっきりさせている。
B…気になる叙述に対して，自分の「見方」をはっきりさせている。

・私が気になった叙述は「木が切られてから，おじいさんは公園にすがたを見せなくなっていた。」というところです。私は，おじいさんが木の神様だと思います。なぜならマーちんたちに「お父さんのふるさとには，木がいっぱいあるだろう。みんなによろしく。」と言って，マーちんの祖父母のことなんて知らないのに本音を言ってしまっているから，おじいさんは木の神様だと思いました。
（A…気になる叙述につながる場面を見付け，自分の見方をはっきりさせることができている。）

・私は「今でも地下に広がっている根のことを想像していたら，そうしたい気持ちになったのだ。」という文が気になりました。わたしはおじいさんと出会って，おじいさんの話を聞いていなければ，地下に広がっている根のことは知らなかったし，根から水分や養分が送られていると聞かされていなければ木の命のつながりのことも想像もできなかったと思いました。それから，プラタナスの木が切りかぶになっても，春まで自分たちが枝や葉の代わりになろうと思ったのも，おじいさんに会いたいという願いからだと思いました。
（A…複数の叙述をとらえ，自分の見方をもてている。）

・私は，「木が切られてから，おじいさんは公園にすがたを見せなくなっていた。」という文が気になりました。もし，おじいさんが木だとしたら木は切られても根が残っているのに，どうして姿を見せなくなったんだろうと思いました。
（B…友達と交流し，もしおじいさんが木だとしたらという「見方」に気付き，疑問をもてている。）

・ぼくが気になった叙述は，「このプラタナスの木が，さか立ちしているところを考えたことがあるかい。」というところです。おじいさんは，プラタナスの木の根が出てきたら死んでしまうから，プラタナスの木の大切さに気づいてほしかったかもしれないからです。
（B…友達と交流し，もしおじいさんが木だったらという「見方」をとらえている。）

（河田　いずみ）

【編著者紹介】
水戸部　修治（みとべ　しゅうじ）
京都女子大学教授。
小学校教諭，県教育庁指導主事，山形大学地域教育文化学部准教授等を経て，文部科学省初等中等教育局教育課程課教科調査官，国立教育政策研究所教育課程研究センター総括研究官・教育課程調査官・学力調査官，平成29年４月より現職。専門は国語科教育学。平成10・20年版『小学校学習指導要領解説国語編』作成協力者。主な著書に，『小学校　新学習指導要領　国語の授業づくり』，『平成29年版　小学校新学習指導要領の展開国語編』，『単元を貫く言語活動のすべてが分かる！　小学校国語科授業＆評価パーフェクトガイド』，『イラスト図解でひと目でわかる！小学校国語科　言語活動パーフェクトガイド（全３巻）』（明治図書）などがある。

【執筆者紹介】（執筆順，所属先は執筆当時）
加々谷絵里　東京都墨田区立外手小学校
糸崎英梨子　石川県能美市立宮竹小学校
伊波　美希　沖縄県金武町立金武小学校
平田　裕子　熊本県八代市立八千把小学校
髙良　真二　琉球大学教育学部附属小学校
酒井　里美　沖縄県名護市立大宮小学校
星野　哲朗　東京都八王子市立みなみ野小学校
高橋　亮子　福岡県北九州市立永犬丸西小学校
太田　　誠　東京都八王子市立由木中央小学校
寺田　路生　兵庫県播磨町立播磨南小学校
藤井　理沙　広島県福山市立新涯小学校
河田いずみ　北海道小樽市立潮見台小学校

〔本文イラスト〕木村美穂

新学習指導要領＆３観点評価対応！小学校国語科
質の高い言語活動パーフェクトガイド　３・４年

2018年８月初版第１刷刊 ©編著者　水　戸　部　修　治
発行者　藤　原　光　政
発行所　明治図書出版株式会社
http://www.meijitosho.co.jp
（企画）木山麻衣子（校正）㈱東図企画
〒114-0023　東京都北区滝野川7-46-1
振替00160-5-151318　電話03(5907)6702
ご注文窓口　電話03(5907)6668

＊検印省略　組版所　藤　原　印　刷　株　式　会　社

Printed in Japan　ISBN978-4-18-299210-0